Denis Alland

LES 100 MOTS
DU
DROIT INTERNATIONAL

Que sais-je?

À lire également en

Que sais-je ?

COLLECTION FONDÉE PAR PAUL ANGOULVENT

Emmanuelle Tourme-Jouannet, *Le Droit international*, n° 3966.
Jean-Baptiste Jeangène Vilmer, *La Responsabilité de protéger*, n° 4012.
Raphaëlle Nollez-Goldbach, *La Cour pénale internationale*, n° 4086.
Catherine Teitgen-Colly, *Le Droit d'asile*, n° 4116.
Magali Lafourcade, *Les Droits de l'homme*, n° 4146.

ISBN 978-2-7154-0466-3
ISSN 0768-0066

Dépôt légal – 1re édition : 2021, mai

170 *bis*, boulevard du Montparnasse, 75014 Paris

Pour Émilie

AVANT-PROPOS

Un mot avant les mots

Tout domaine de savoir engendre des créations sémantiques, soit que certains termes aient été inventés pour la cause, soit que ceux du langage courant, en s'en détachant sous l'effet de leur usage dévoyé par des spécialistes, aient été plus ou moins recyclés. Phénomène aussi connu qu'inévitable.

Reste à celui qui propose un échantillon de 100 mots, jugés particulièrement pertinents pour une discipline, de dire dans quel esprit il a été conçu. Ne parlons pas des affres où plonge la sélection ni des excuses traditionnelles quant à sa subjectivité. Contentons-nous d'une allusion à la façon dont on peut parler d'un vocabulaire et du traitement ici infligé à ces mots du droit international public.

Il a été choisi de comprendre « mots *du* droit international » comme ne renvoyant pas nécessairement aux institutions – au sens strict (les organismes internationaux ont été laissés de côté, mais on les retrouvera à l'aide de l'index), ni même au sens large (c'est-à-dire les termes juridiques explicitement employés dans les règles de droit positif) –, mais aussi et surtout comme pouvant désigner ce qui est essentiel à l'intelligence de cette discipline.

Il faut certes évoquer ce que désignent les mots. Pour autant, le présent ouvrage, quoique organisé selon l'ordre alphabétique, n'est pas un dictionnaire. Des énoncés de droit positif y sont naturellement repris, mais on y chercherait en vain un résumé de ce dernier. Enfin, l'histoire ne peut être entièrement négligée, même s'il est impossible de retracer toute l'évolution des concepts. En un mot : à tout ce que contiennent les dictionnaires et les encyclopédies, les traités et les manuels, etc., ces *100 mots du droit international* ne peuvent et n'entendent évidemment pas se substituer.

Ce que nous avons plutôt tenté de faire, c'est d'esquisser à gros traits la place qu'occupe en droit international chacun des termes ou expressions retenus dans ces pages et, chaque fois que nécessaire, de donner une idée des difficultés pratiques ou conceptuelles qu'il soulève, sans s'interdire de temps à autres une vue critique, voire une subjectivité assumée. Tant mieux si cela peut prêter le flanc à de fécondes objections, pourvu qu'un mot ouvre une piste de réflexion, que l'ensemble fasse apparaître certains ressorts ou laisse entrevoir les jeux d'interprétations complexes auxquels les termes, quels qu'ils soient, donnent fréquemment lieu en pratique, ou encore plus simplement soulève d'autres questions.

Si tel était le cas, alors ce petit livre aurait rempli son modeste objectif.

Abréviations

CDI	Commission du droit international des Nations Unies
CEE	Communauté économique européenne
CIISE	Commission internationale de l'intervention et de la souveraineté des États
CIJ	Cour internationale de Justice
CIRDI	Centre international pour le règlement des différends relatifs aux investissements
CJUE	Cour de Justice de l'Union européenne
CMB	Convention de Montego Bay de 1982 sur le droit de la mer
CPI	Cour pénale internationale
CPJI	Cour permanente de Justice internationale
CV69	Convention de Vienne de 1969 sur le droit des traités
GATT	General Agreement on Tariffs and Trade / Accord général sur les tarifs douaniers et le commerce
OIT	Organisation internationale du travail
OMC	Organisation mondiale du commerce
ONU	Organisation des Nations Unies
SA	Sentence arbitrale
TBI	Traité bilatéral d'investissements
TFUE	Traité sur le fonctionnement de l'Union européenne
TUE	Traité sur l'Union européenne
ZEE	Zone économique exclusive

Les noms des affaires et jugements sont abrégés dans le texte ; on les retrouve au long dans l'index.

Les 100 mots du droit international

Mode d'emploi

L'astérisque (*) signale que le terme ou l'expression qui précède fait l'objet d'une entrée à part entière (à l'exception de « Droit international public » et de « État » qui eussent inutilement constellé les textes).

La flèche (→) sert à renvoyer à d'autres entrées.

1
ABSTENTION

Il peut sembler surprenant de trouver ce terme peu spécifique dans une liste restreinte à cent mots : qu'est-ce qui lie particulièrement au droit international public le fait de s'abstenir de faire ou de dire quelque chose ? La réponse tient au jeu complexe des attitudes des sujets* du droit international dans leurs relations mutuelles, attitudes susceptibles d'être interprétées comme des positions juridiques à l'égard d'une situation ou de règles de droit. L'abstention, au même titre qu'un acte ou un comportement positif, peut être un élément parmi d'autres dont il sera tenu compte dans l'identification d'une coutume*. De façon plus directe, l'abstention (un silence, par exemple) peut être analysée comme une acceptation implicite qui jouera sur l'opposabilité d'une obligation. Elle est donc liée à la question plus large du consentement*. Il va sans dire que la portée ou la valeur d'une abstention dépend très largement de l'interprétation* qui en sera donnée par les sujets intéressés. Ainsi de la valeur de l'abstention dans les votes au Conseil de sécurité (→ Veto).

Si La Fontaine avait sagement dit qu'« il est bon de parler et meilleur de se taire », il n'en va pas de même en droit international public, où il est souvent préférable de prendre position. En 1951, par exemple, dans l'affaire des *Pêcheries*, la CIJ, tenant compte de l'intérêt propre de la Grande-Bretagne en mer du Nord, a estimé que « son abstention prolongée » à l'égard du système des lignes droites adopté par la Norvège ne lui permettait plus de s'y opposer.

L'abstention étant par définition une attitude négative, l'une des difficultés que l'on rencontre en pratique est de repérer ce qui, dans l'océan sans limite de ce que *ne fait pas* un sujet, peut être regardé de façon convaincante comme une abstention, porteuse d'une signification et d'un sens. Cela dépend des circonstances qui l'entourent, ainsi que l'a bien souligné la Cour, pour qui, si « l'absence de réaction peut valoir acquiescement [...], un silence peut être éloquent », mais « seulement si le comportement de l'autre État appelle une réponse » (CIJ 2008, *Affaire relative à la souveraineté sur Pedra Branca,* § 121).

2
ACTE UNILATÉRAL

Si l'acte unilatéral n'est pas propre au droit international public, il y tient une place incomparablement plus importante que dans la plupart des autres branches du droit. Imputable à un seul sujet* de droit (État ou organisation internationale*), il peut revêtir des formes, avoir des objets et des objectifs extrêmement variés : outre les actes juridiques (internationaux ou internes), il faut y ranger des comportements matériels (actifs ou passifs) ; ils manifestent une volonté de réaction ou d'action ; ils peuvent viser à se rendre opposable une règle ou une situation ou encore à exprimer une prétention à les opposer à d'autres sujets.

Il a été remarqué que la figure antithétique de l'acte unilatéral – un acte concerté tel que le traité* – est en réalité presque entièrement tributaire, comme processus, d'une suite d'actes unilatéraux (signature, ratification*, réserve*, interprétation*, suspension, dénonciation...).

Le caractère unilatéral de l'acte, combiné avec l'égale souveraineté des États, soulève une question cruciale : dans quelles conditions produit-il des effets juridiques et est-il source de droits et d'obligations ? S'agissant des actes des organisations internationales, la question de leur valeur et de leurs effets sur les États membres est en principe réglée par leur acte constitutif. Pour ce qui est des actes des États, hormis certains cas rares et particuliers, tel celui de la promesse censée engager immédiatement son auteur (CIJ *Essais nucléaires*, 1974), l'effet juridique de l'acte unilatéral dépendra de la réaction des sujets auxquels il s'adresse, dont le consentement* pourra être établi ou contesté à l'aide des catégories canoniques de l'engagement, à savoir la coutume* ou le traité*.

3
AGRESSION

On trouve ce terme dans une disposition centrale de la Charte des Nations Unies relative à la légitime défense* qui fait de l'« agression armée » la condition de son déclenchement. La question très débattue a donc été de savoir si, employé seul, ce mot peut englober des actes n'impliquant pas le recours à la force et, dans l'affirmative, quelles conclusions en tirer.

Les concepts d'agression économique ou d'agression indirecte (subversion par l'intérieur d'un appareil d'État) ont parfois été proposés. En réalité, bien que, sur d'autres plans, ces pratiques puissent – le cas échéant – être regardées comme contraires au droit international (par exemple au regard du principe de non-ingérence*), elles ne sauraient justifier la légitime défense.

C'est ce que confirme un texte important, la résolution 3314 (XXIX) de l'Assemblée générale des Nations Unies : « L'agression est l'emploi de la force armée par un État. » Et d'en donner un certain nombre d'illustrations : invasion, bombardement, blocus, attaque des forces armées, etc.

4
AMBASSADE

La Convention de Vienne de 1961 sur les relations diplomatiques, codificatrice du droit coutumier en la matière, préfère « locaux de la mission diplomatiques » au mot « ambassade ».

Après que l'on eut abandonné la poétique, mais fâcheuse, fiction de l'exterritorialité des locaux (qui voulait qu'on les considère comme une portion du territoire de l'État étranger – « accréditant »), il est devenu clair que l'État du for (« accréditaire ») est bien compétent sur l'ensemble de son territoire*, y compris les ambassades. Il peut donc imposer, par exemple, ses règles d'urbanisme dans les permis de construire qui leur sont délivrés. Il ne dispose pas en revanche de sa compétence opérationnelle puisqu'une antique règle protectrice de la souveraineté* de l'État étranger, codifiée à l'article 22 de la Convention de 1961, dispose que « les locaux de la mission sont inviolables. Il n'est pas permis aux agents de l'État accréditaire d'y pénétrer, sauf avec le consentement du chef de la mission ».

Cette inviolabilité des locaux diplomatiques implique pour l'État accréditaire une obligation de protection, destinée à leur éviter d'être envahis ou troublés – obligation que la CIJ a vivement reproché à l'Iran d'avoir violée dans l'affaire du *Personnel diplomatique* en 1980.

Plus complexe est la question de l'asile* diplomatique (accordé à un individu se réfugiant dans l'ambassade avec le consentement de l'État accréditant), qui semble davantage résulter de l'inviolabilité des locaux que constituer un droit opposable à l'État accréditaire. Soixante-dix ans après le contentieux relatif au *Droit d'asile* porté par le Pérou et la Bolivie devant la CIJ, la sinistre affaire Assange en témoigne.

5
ANNEXION

L'annexion est un mode d'acquisition d'un territoire* dont la conformité au droit international public dépend entièrement des conditions dans lesquelles elle se réalise. L'histoire enseigne que les annexions furent le plus souvent opérées par la force, ce qui, à partir du moment où le recours à l'emploi de la force* a été interdit, n'a plus été justifiable. C'est ce qu'ont démontré par exemple certaines réactions au moment de l'annexion de la Crimée par la Russie en 2014, contrairement au silence assourdissant de la communauté internationale* lors de l'annexion du Timor oriental par l'Indonésie en 1976, malgré une condamnation par le Conseil de sécurité, ou contrairement à la timidité – pour ne pas dire moins – de la réaction de ladite communauté à l'annonce par Israël, en 2019, de l'annexion de la Cisjordanie.

En revanche, contrairement à une idée assez répandue, l'annexion n'est pas nécessairement le fruit de la violence ni même d'un acte unilatéral ; certaines annexions peuvent se réaliser par voie conventionnelle, par exemple à la suite d'une cession à titre gratuit ou onéreux, ou encore comme conséquence d'une réunification (voir le cas de l'Allemagne à la suite de la chute du mur de Berlin). Au regard du droit international contemporain et du droit des peuples à disposer d'eux-mêmes*, de telles annexions pacifiques devraient toutefois être appréciées du point de vue du consentement des populations concernées.

6
ARBITRAGE

Comme l'indique l'art. 33 de la Charte des Nations Unies, l'arbitrage est un mode de règlement pacifique des différends*. On dit souvent que la sentence rendue dans l'affaire de l'*Alabama* en 1872 en a été l'une des premières manifestations dans les relations entre États. La pratique internationale a étendu le recours à l'arbitrage à toutes sortes de différends, mais il suppose toujours un choix dans la désignation du tiers, choix reposant sur le consentement* des parties et l'acceptation du caractère obligatoire de sa sentence. De ce point de vue, la différence entre le règlement juridictionnel et arbitral en droit international public, pour être certaine, est tout de même plus ténue qu'en droit interne, où il permet d'échapper à une prérogative régalienne. Comme l'exprimait déjà la Convention de La Haye de 1907, « l'arbitrage international a pour objet le règlement des litiges entre États par des juges de leur choix et sur la base du respect du droit ». L'arbitrage peut être *ad hoc* ou institutionnalisé, sa saisine résulter d'une clause compromissoire antérieure au litige ou d'un compromis postérieur. Il est réputé pour sa souplesse, favorable dans des cas diplomatiquement délicats.

Quoique mettant en œuvre les mêmes mécanismes, il faut sans doute distinguer l'arbitrage interétatique de l'arbitrage – chéri des libéraux – entre États et personnes privées, dont la croissance exponentielle (notamment dans les conventions de libre-échange) ne peut qu'être remarquée.

7
ARMES

Les armes, leur fabrication, leur perfectionnement, leur multiplication et, par-dessus tout, leur commerce sont un des éléments malheureusement les plus influents dans la structuration des relations internationales. Source de la puissance d'intervention*, les armes sont pour la plupart détenues par les puissants ou leurs clients et protégés. C'est ce dont il faut se souvenir quand on parle de l'égalité* des États.

Un naïf débarquant de la Lune demanderait comment il se fait qu'elles aient une telle importance, alors que la Charte des Nations Unies interdit le recours à la force*. La réponse est simple : le droit de légitime défense* demeurant, les armes sont désormais toutes « défensives »...

Malgré cette aimable caractéristique, les progrès techniques ont été tels que les armes, leur détention et leur usage sont devenus l'objet d'une réglementation par le droit international singulièrement délicate, tendant à assurer le respect de certains principes du droit humanitaire* au sein même des missions de mort. Les traités* interdisant certaines armes (projectiles explosifs, gaz asphyxiants, armes bactériologiques, mines antipersonnel, etc.) se sont multipliés, tout comme ceux qui limitent la prolifération de certaines armes ou encore les règles interdisant la mise au point, la fabrication et le stockage de certaines d'entre elles (Convention de 1972 sur les armes bactériologiques).

Le paradoxe est que la fabrication et la détention de l'arme nucléaire « potentiellement de nature catastrophique » qui a le « pouvoir de détruire toute civilisation » (CIJ Avis, 1996) ne font l'objet de pratiquement aucune limite ; ces dernières années, les grandes conventions en la matière ont été dénoncées, relançant la course aux armements et accélérant la *Doomsday Clock*.

8
ASILE

L'asile est d'abord une notion spatiale : il désigne un espace (le territoire* d'un État dit « d'accueil », les locaux d'une ambassade* voire, à la marge, un navire) qui offre protection à celui qui s'y trouve ou s'y réfugie. Par métonymie, on entend également par « asile » le contenu de cette protection, tel que consacré par les textes et la pratique. L'article 14 de la Déclaration universelle des droits de l'homme de 1948 énonce : « Devant la persécution, toute personne a le droit de chercher asile et de bénéficier de l'asile en d'autres pays. » La consécration positive la plus importante de l'asile se trouve à l'article 33 de la Convention de Genève de 1951 sur le statut de réfugié : « Aucun des États contractants n'expulsera ou ne refoulera, de quelque manière que ce soit, un réfugié sur les frontières des territoires où sa vie ou sa liberté serait menacée en raison de sa race, de sa religion, de sa nationalité, de son appartenance à un certain groupe social ou de ses opinions politiques. »

Touchant de façon intime au problème des migrations humaines, l'asile est lié à de nombreuses questions de droit international. Parmi celles-ci, on peut évoquer l'extradition et les droits de l'homme*. S'agissant de la première, l'exil a souvent été un moyen d'échapper aux peines et aux condamnations mais, jusqu'au XIXe siècle, cette forme de protection ne s'étendait pas aux délits politiques. Après les révolutions de 1830 en Europe, un mouvement inverse a donné naissance à l'idée suivant laquelle l'extradition ne doit au contraire pas être accordée dans le cas de délits politiques. L'article 3 de la Convention européenne d'extradition de 1957 reprend le principe de non-extradition en matière politique, que la jurisprudence française a d'ailleurs érigé en « principe fondamental reconnu par les lois de la République ». S'agissant des droits de l'homme*, si la Convention européenne des droits de l'homme de 1950 ne dit mot de l'asile, il reste qu'elle a été interprétée de sorte que ses articles 2 et 3 garantissant le droit à la vie et prohibant la torture peuvent s'appliquer aux demandeurs d'asile.

Une des difficultés majeures de la pratique de l'asile vient de la tension entre les exigences régaliennes de l'État, qui supposent un certain contrôle des flux humains à l'œuvre sur son territoire, et celles de la protection des droits fondamentaux d'un nombre croissant d'individus fuyant leur État d'origine.

9
BONNE FOI

« L'un des principes de base qui président à la création et à l'exécution d'obligations juridiques [...] est celui de la bonne foi », a dit la CIJ dans l'affaire des *Essais nucléaires* (1974). Est-il possible à l'une quelconque des branches du droit de se passer de la bonne foi ? Comment ne pas remarquer que l'article 1104 du Code civil français et l'article 26 de la CV69 disent la même chose ?

Les références à la bonne foi sont innombrables et anciennes en droit international, elles sont présentes dans les traités les plus divers. Il faut y voir la preuve d'un profond attachement. On a cru bon d'inscrire à l'article 2 paragraphe 2 de la Charte des Nations Unies que « les Membres de l'Organisation [...] doivent remplir *de bonne foi* les obligations qu'ils ont assumées aux termes de la présente Charte ». Pouvait-on écrire le contraire ?

Pourtant, sous son aspect psychologique de disposition d'esprit, la bonne foi est insaisissable. Que dire en effet de la mauvaise foi, sa vilaine sœur ? Malgré les hésitations que peuvent susciter les expressions courantes « interprétation* de bonne foi » ou « obligation de négocier de bonne foi », elle n'apparaît pas indispensable pour établir qu'un comportement est ou non illicite. En juger autrement reviendrait à introduire un élément intentionnel par ailleurs largement exclu de la théorie de la responsabilité internationale*.

La bonne foi s'apprécie donc sur le plan assez élevé des conditions mêmes permettant de penser le droit (l'art. 26 de la CV69 la lie au principe *pacta sunt servanda**).

Si elle irrigue aussi abondamment le droit international public, c'est que la dispersion assez anarchique des compétences qui y prévaut oblige à confier son efficacité à l'attitude de ses sujets plus qu'à l'autorité d'une institution.

10
BOYCOTT

En droit international, le boycott est la pratique qui consiste, pour des raisons le plus souvent non commerciales, à réduire ou à suspendre les relations commerciales avec une entité donnée. Les motifs des boycotts sont liés à la désapprobation que l'on oppose à la conduite d'un État (ou d'une personne) et peuvent tendre à exercer une pression sur lui.

Il faut distinguer selon les auteurs d'un boycott. S'il s'agit d'une initiative prise par des personnes privées (par exemple un groupement professionnel, syndical, ou un collectif ; voir CEDH 2020, *Baldassi*) elle pourra avoir ou non des conséquences juridiques selon que sont ou non méconnus des engagements contractuels. Cela étant, du point de vue du droit international, seule pourrait être pertinente, le cas échéant, l'attitude de leur État national. Si ce dernier approuve ou endosse leur action (par exemple appel au boycott des hôtels du sultan du Brunei en 2019 en réaction à sa législation pénale) ou, *a fortiori*, s'il est lui-même – comme souvent – à l'origine d'une politique de boycott à l'égard d'un autre État, la question est alors de savoir si elle est licite ou non.

Dans la mesure où il n'existe pas une obligation internationale générale de commercer, cela dépend, en premier lieu, du *contenu* de la mesure de boycott au regard d'engagements déterminés de l'État (est-ce une simple rétorsion licite *per se* ou viole-t-elle un droit protégé, par exemple par un traité* commercial ou un principe du droit du commerce international* ? Peut-on assimiler la pratique de l'étiquetage – approuvée par la CJUE en 2019 – indiquant qu'un produit provient des colonies israéliennes illicites à un boycottage ?). Cela dépend, en second lieu, du *motif* qui l'inspire : le boycott peut être une réaction à un fait illicite international commis à son égard par l'État visé. Il est alors une des modalités possibles des contre-mesures*. Il pourrait théoriquement aussi être commandé par l'obligation qui pèse sur les États de ne pas prêter aide ou assistance au maintien d'une situation créée par une violation grave découlant de normes de *jus cogens** (art. 41 du projet d'articles sur la responsabilité internationale des États*).

11
CLAUSE DE LA NATION LA PLUS FAVORISÉE

Par cette clause, un État s'engage envers un autre à lui faire bénéficier, sur une question ou dans un domaine déterminé, du traitement ou régime plus favorable qu'il aurait consenti ou consentira à un État tiers. Extrêmement fréquente, notamment dans des accords de libre-échange ou des traités* bilatéraux relatifs au commerce international*, cette clause a été multilatéralisée par les accords du GATT, puis de l'OMC, qui étendent immédiatement et sans condition à toutes les parties contractantes les avantages accordés sur un point à l'une d'entre elles (art. I). En pratique, elle peut soulever des questions relatives à son étendue, à son caractère possiblement implicite ou à l'équilibre global du traité de base qu'elle vient modifier.

On a parfois vu là une exception à l'effet relatif des traités dans la mesure où l'avantage concédé à un tiers dans un second traité bénéficie au cocontractant du premier traité (traité de base). En réalité, c'est bien par l'effet de la clause inscrite dans ce dernier que cet effet se produit, le traité tiers n'étant qu'une indexation de fait des avantages concédés dans le traité de base. Comme l'a dit la CIJ, elle laisse donc intact l'adage *res inter alios acta* : c'est le traité de base qui établit le lien juridique entre une de ses parties et un traité avec un État tiers (*Anglo-Iranian Oil Co.*, 1952).

12
CODIFICATION

La codification se donne pour but d'exprimer par des mots ce qui ne l'était pas auparavant ; elle est entreprise en droit interne et en droit international pour des raisons assez similaires. La décision de coucher par écrit ou de compiler ce qui résultait de pratiques ou de textes disparates répond à un souci de simplification et de clarification (peut-être lié à des vues un peu optimistes en matière d'interprétation*).

La codification tient une très grande place en droit international public (la CDI, par exemple, y est entièrement dévolue et son œuvre est considérable). Des pans entiers du droit international ont été codifiés parfois par les États eux-mêmes (CMB), parfois par les formulations doctrinales d'organes privés (Institut de droit international, par exemple), mais le plus souvent par la CDI (droit des traités*, des relations diplomatiques et consulaires*, de la responsabilité internationale*, des immunités*, etc.).

Toutefois, en droit international, la codification pose des questions spécifiques. En effet, au-delà des questions classiques liées à toute codification, l'existence de conventions codificatrices des coutumes* (ces dernières demeurant obligatoires et continuant d'évoluer) soulève celle, assez complexe, de l'opposabilité à un État non partie à une convention de ses dispositions codificatrices, celle de la fidélité à la coutume de certaines dispositions, celle de l'interaction entre les conventions de codification et le processus coutumier et celle enfin des réserves* qui peuvent être émises à ces conventions. La CIJ a longuement analysé certaines de ces questions dans l'arrêt *Plateau continental de la mer du Nord* (1969).

13
COMMERCE INTERNATIONAL

Désignant une forme d'échange, le commerce est devenu « international » dès que les relations se sont étendues au-delà des tribus et des cités. Pratique de toujours faite d'âpres concurrences, il a tôt été un objet d'accords divers et est aujourd'hui l'enjeu de luttes considérables parfois abusivement qualifiées de « guerres commerciales » (du point de vue du droit international, seule compte le caractère illicite ou non des mesures prises de part et d'autre). C'est aussi un enjeu en termes de modèles sociaux d'évolution.

Les traités* commerciaux en tous genres sont aussi anciens qu'innombrables et furent longtemps exclusivement bilatéraux, avant que n'interviennent le traité du GATT en 1947 et celui de l'OMC en 1994. La multilatéralisation du commerce international s'est accompagnée d'une extension du concept : au départ limité aux échanges de marchandises et de services liés à ces derniers, il englobe aujourd'hui l'ensemble des échanges internationaux et a « une portée qui excède la seule référence aux activités d'achat et de vente » (CIJ 1996, *Plates-formes pétrolières*).

L'OMC est devenue le lieu privilégié de négociations de conventions commerciales multilatérales – annexées au traité et contraignantes soit pour tous les membres soit uniquement pour ceux qui les ont acceptées. Avec la création de l'Organisme de règlement des différends de l'OMC, un système original de règlement des différends* a vu le jour.

Il consiste à défendre la liberté du commerce dans une concurrence dite « saine », favorable aux puissants, ce qui se traduit par la généralisation de la clause de la nation la plus favorisée*, la lutte contre les discriminations et les pratiques déloyales telles que le *dumping* ou les subventions et, enfin, dans la perspective du libre-échange que tend à universaliser la domination néolibérale, l'abaissement et la disparition des droits de douane. L'ensemble est assorti de clauses de sauvegarde et de dérogations qui nourrissent un contentieux abondant.

14
COMMUNAUTÉ INTERNATIONALE

Quand elle n'est pas assortie d'autres précisions, l'expression « communauté internationale » relève plutôt du registre politique ; elle est alors censée viser l'ensemble des États, des organisations internationales, voire des générations humaines. En pratique et sur ce registre, la communauté internationale a permis de couvrir d'un manteau de vertu les actes d'une oligarchie d'États puissants (par exemple, elle a été assimilée à l'OTAN contre la Serbie en 1999).

Sur le plan juridique, c'est une expression allongée qui a été consacrée par la CV69 à propos du *jus cogens**, qui doit être reconnu comme tel par la « communauté internationale *des États dans son ensemble* ». De même, selon le projet d'articles de la CDI sur la responsabilité internationale des États*, la « communauté internationale dans son ensemble » est appelée à jouer un rôle : existence à son égard d'obligations dites « *erga omnes* »* (art. 25 et 33), détermination du titre à mettre en œuvre la responsabilité (art. 42 et 48). La jurisprudence internationale y a fait plusieurs fois allusion.

Tout en reconnaissant le caractère éminent des valeurs que l'on entend protéger en en confiant l'« élaboration » et la défense à ladite communauté, il est difficile de surmonter la difficulté issue de l'ajout de l'expression « dans son ensemble ». En effet, sans cette précision, l'unanimité serait requise ; cela serait certes dans la logique de la souveraineté* impliquant l'égalité* des États, mais contradictoire avec l'existence d'une communauté distincte de la simple collection de ses membres ! D'un autre côté, on ne peut, par analogie avec une société interne à prétention démocratique, introduire en droit international une véritable représentation au sens politique ni, par voie de conséquence, un mécanisme démocratique donnant à une majorité – quel que soit le lieu imaginé pour son expression – la possibilité d'imposer des obligations à une minorité d'États.

Ces difficultés expliquent peut-être que la fortune politique de l'expression ait été jusqu'à présent supérieure à l'efficience des mécanismes juridiques qu'elle est censée impliquer.

15
CONSENTEMENT

Le consentement est une des pierres angulaires du droit international public. C'est par consentement que se forment les engagements, grâce à lui qu'ils sont exécutés de telle manière, c'est de lui encore que dépend la mise en place d'un procédé ou d'une procédure de règlement des différends*. Malgré son importance, le mot ne désigne rien, il est une idée qui se manifeste sous une grande variété de formes dont, en principe, aucune ne s'impose particulièrement. Ainsi, par exemple, la signature* parfois, la ratification* toujours traduisent-elles le consentement de l'État à être lié par traité*. Mais une abstention* ou un silence peuvent aussi produire cet effet sous certaines conditions. Que le consentement soit nécessaire pour qu'une règle ou une situation soit opposable à un État découle directement de sa souveraineté*.

Certaines nuances sont néanmoins de mise.

Tout d'abord, la « généralité » attribuée à la coutume* par l'article 38 du Statut de la CIJ a pu être interprétée comme ayant un effet englobant qui rend difficile de s'opposer à celle-ci, ce qui fait reculer d'autant l'exigence du consentement.

Ensuite, l'importance reconnue à certains principes a parfois conduit à souhaiter la réduction des exigences du consentement. Le *jus cogens** se concilie mal avec l'exigence stricte du consentement. De son côté, la CIJ a estimé que certains principes de la Convention de 1948 sur le génocide* obligent les États « même en dehors de tout lien conventionnel » (Avis, 1951). À propos des droits de l'homme*, elle a jugé que leur éventuelle violation « doit être approfondi[e], indépendamment de l'existence d'un engagement juridique pris » (CIJ 1986, *Activités militaires*).

Il reste que les cas dans lesquels on peut victorieusement opposer une obligation à un État qui n'y a pas consenti demeurent rares.

16
CONTRAT D'ÉTAT

C'est un contrat (dont l'ancêtre direct est le contrat d'emprunt public d'État) conclu par l'État avec une personne privée étrangère pour une opération économique internationale. Dans les années 1930-1970, le modèle – si l'on peut dire – en était le contrat de concession pétrolière organisant le pillage des ressources naturelles* des États concernés, chez qui un mouvement de nationalisation a renforcé le souci des investisseurs d'obtenir des garanties et, pour cela, d'imaginer de soumettre ces contrats au droit international pour les faire échapper aux dangers du droit interne. La CPJI a bien précisé que « tout contrat, qui n'est pas un contrat des États en tant que sujets du droit international, a son fondement dans une loi nationale » (1929, *Emprunts serbes*), principe qui a engendré une abondante littérature et de nombreux débats sur les moyens d'y parvenir.

Aujourd'hui, si la promotion des intérêts des investisseurs continue de passer par celle du droit international, ces débats sont largement dépassés dans la mesure où des TBI à foison (qui se comptent par milliers) contiennent des dispositions faisant du respect du contrat une obligation internationale pesant sur les États parties.

Lorsque le TBI prévoit une clause d'arbitrage international, cela confère de surcroît des droits directement invocables par les investisseurs étrangers à l'encontre de l'État cocontractant (contentieux non contractuel, mais dès lors conventionnel), ce qui pourrait poser la question de leur qualité de sujets* du droit international.

17
CONTRE-MESURES

Ce sont des réactions unilatérales pacifiques et intrinsèquement illicites qu'un ou plusieurs États (ou une organisation internationale) adoptent contre un autre État lorsqu'ils estiment que ce dernier a commis un fait internationalement illicite préjudiciable à leur égard, de nature à *justifier* cette réaction. L'expression est venue se substituer aux « représailles* », qui pouvaient comporter un usage de la force* désormais illicite, et on l'oppose parfois aux « sanctions* » prononcées par un tiers, par exemple celles d'une organisation internationale* à l'égard d'un de ses États membres.

Les contre-mesures sont considérées comme une circonstance excluant l'illicéité ; sous certaines conditions (caractère pacifique et proportionné notamment), elles permettent un acte ou un comportement contraire à une obligation internationale par l'effet de justification tiré d'un acte illicite commis par un autre État. Elles peuvent prendre des formes diverses, comme la suspension de droits ou des actes d'exécution sur les biens d'un autre État.

La pratique des contre-mesures est importante quantitativement mais aussi sur le plan des principes car, tout en étant souvent le seul recours dans une société largement dépourvue de juge commun, elles fragilisent l'ordre juridique international*. En effet, l'illicéité de l'acte initial qui justifie la réaction d'un État en contre-mesure demeure une simple allégation de sa part. Le subjectivisme qui caractérise ce qui motive la contre-mesure (tout comme son contenu et ses modalités de mise en œuvre) est donc la difficulté majeure que soulève cette reconnaissance du droit de se faire justice à soi-même*. De plus, certains prônent assez imprudemment le recours à des contre-mesures « d'intérêt général » tout aussi unilatérales, mais déclenchables par des sujets même non lésés par l'illicite initial.

Il est clair, en revanche, que des contre-mesures portant atteinte aux droits d'États tiers qui n'ont par définition pas commis de fait illicite ne sauraient être justifiées au regard de ces derniers. Il faut bien constater que la pratique des contre-mesures – y compris celles, injustifiables, dont il vient d'être question – est la plupart du temps le fait d'États puissants capables d'exercer une pression sur les autres pour les inciter à redresser leurs torts, réels ou supposés.

18

COURS D'EAU INTERNATIONAL

Cette expression s'est progressivement substituée à celle de « fleuve international », encore employée notamment lorsque ce dernier forme la frontière* dite « naturelle » entre deux États. Liée à la navigabilité, elle comprend les canaux internationaux, qu'on laissera de côté ici, et s'est aussi ajoutée à celle de « voie navigable d'intérêt international », définie par le Statut de 1921 comme « toutes parties naturellement navigables vers et depuis la mer d'une voie d'eau qui, dans son cours naturellement navigable vers et depuis la mer, sépare ou traverse différents États ».

Le régime juridique de ces cours d'eau met en tension la souveraineté territoriale (qui permet aux États riverains de réglementer la navigation) et les exigences de la navigation, du commerce international, le *jus communicationis* de jadis (qui exclut une interdiction à la navigation étrangère ; voir CIJ 1999, *Île de Kasikili*). Le droit international en la matière se caractérise par une série de conventions spéciales (Danube, Rhin et Moselle, pour prendre des exemples européens) et l'absence de régime uniforme.

Au terme de vingt années de travaux, la CDI a mis au point la Convention de New York de 1997 (entrée en vigueur en 2014) sur le droit relatif aux utilisations des cours d'eau internationaux à des fins autres que la navigation ; elle donne des directives plus qu'elle n'impose des obligations strictes.

Les contentieux ne sont pas rares en la matière, sur les droits de navigation (CIJ 2009, *Droits de navigation*), les travaux de détournement (SA 1957, *Lac Lanoux*), la construction de barrages et autres aménagements (CIJ 1997, *Gabčikovo*).

19
COUTUME

La coutume a toujours joué un très grand rôle en droit international public. C'est de façon coutumière que se sont formés d'immenses pans de ce dernier : relations diplomatiques* et consulaires, droit de la mer ou des traités, responsabilité internationale*, immunités*, etc. La coutume est une pratique qui, si elle présente certaines caractéristiques (par exemple : constance, uniformité) et à la condition d'être imputable à un sujet du droit international*, révèle l'attachement de ceux qui la suivent (ou n'y objectent pas) à une règle juridique, qui est dès lors susceptible de leur être opposée comme obligatoire. Ainsi la conduite issue d'une pratique passée est-elle tenue pour le modèle obligé des comportements actuels et à venir. Par-là, la coutume se distingue des simples usages.

De nombreuses entreprises de codification* du droit coutumier sont venues clarifier et parfois développer des aspects importants du droit international.

Sans nul doute la principale difficulté à laquelle on est confronté lorsqu'il s'agit d'opposer une obligation coutumière à un État est-elle celle de savoir si elle peut être qualifiée de telle, d'une part, et si, en dépit de sa « généralité », il ne lui aurait pas toujours victorieusement manifesté son opposition, d'autre part. La pratique internationale est riche de débats à ce sujet, où – devant un juge ou un arbitre notamment – l'on échange généreusement des arguments historiques destinés à faire prévaloir une interprétation* sur une autre.

On a tiré de l'expression – employée à l'article 38 du Statut de la CIJ – de la coutume comme « preuve d'une pratique générale acceptée comme étant le droit » l'idée qu'elle est formée de deux éléments – matériel pour ce qui est de la pratique et psychologique pour ce qui est de son caractère obligatoire. Derrière ce qui n'est somme toute qu'une distinction didactique se profile la vaste question de la place de la volonté dans la formation du droit.

20
CRIMES

La qualification juridique de « crime » – sans autres précisions – s'applique à des situations, à des personnes et à des circonstances très différentes. L'important est de distinguer selon que l'on impute un crime à un État ou à un individu (ou à un groupe d'individus).

Historiquement, les plus anciennes références au crime concernaient des individus. Le pirate en est l'exemple topique, la piraterie étant considérée comme « infraction au droit des gens » (CPJI, *Lotus*, 1927) et parfois qualifiée de « crime du droit des gens ». On peut y ajouter l'esclavage, la capture illicite d'aéronef, le crime contre l'humanité, le crime de guerre. Dans ces cas, il s'agit d'engager la responsabilité pénale des individus qui ont commis de tels crimes, ainsi que ce fut le cas à Nuremberg en 1945 et ainsi que le montre l'évolution du droit international pénal*.

Les définitions précises du crime de guerre et du crime contre l'humanité ont été posées par des conventions internationales (Statut du Tribunal militaire de Nuremberg, Convention de 1948 sur le génocide, Conventions de Genève de 1949 et Protocole de 1977, Statut de la Cour pénale internationale…), pour certaines considérées comme ayant une origine ou une valeur coutumière. Le *droit pénal international*, quant à lui (à ne pas confondre avec le droit international pénal), a consacré depuis longtemps le crime (ou délit) *politique* – dont la conception a elle-même évolué. Cette notion permet de justifier en certains cas le refus par un État de satisfaire à son obligation en matière d'extradition* (voir la Convention européenne d'extradition, 1957).

En outre, la notion de crime international de *l'État*, introduite par la CDI lors de ses travaux sur la responsabilité internationale* de l'État a fait l'objet de très amples débats expliquant la disparition du mot – mais pas de la chose, disent certains – dans le texte final de 2001.

21
DÉLIMITATION

Dans un monde où coexistent des entités égales et souveraines qui ne sont telles que parce qu'elles sont *distinctes* les unes des autres, la délimitation prend une importance considérable. Même s'il existe d'autres sortes de séparations plus ou moins factuelles ou désastreuses (murs, lignes de contrôle ou de démarcation, etc.), on songe spontanément, bien sûr, aux délimitations de frontières* qui « marque[nt] la séparation des souverainetés étatiques, autant sur la surface terrestre que dans le sous-sol et l'espace atmosphérique » (CIJ 2005, *Différend frontalier*). Par ailleurs et surtout, la multiplication et la diversification des espaces* (ZEE*, plateau continental*, etc.) ont rendu nécessaires de nombreuses délimitations, engendrant une pratique et un contentieux très riches.

Les délimitations ne peuvent s'opérer de façon unilatérale que si elles séparent des espaces relevant d'un même État ou entre ces espaces et un espace international. Dans tous les autres cas, la délimitation ne peut s'opérer que de façon concertée puisqu'elle touche aux droits et intérêts de plusieurs États.

Pour ce qui est des principes censés guider les opérations de délimitation, le droit international n'impose rien en matière de frontières terrestres. Il contient néanmoins quelques règles en matière de délimitation maritime, principalement lorsque les espaces sont à partager entre plusieurs États parce que leur côtes sont adjacentes ou se font face. Pour la mer territoriale*, l'article 15 de la CMB indique que, en l'absence d'accord contraire, la délimitation doit s'opérer suivant le principe de l'équidistance, sauf titres historiques ou circonstances spéciales. S'agissant de la ZEE et du plateau continental, les articles 74 et 83 prévoient que la délimitation doit s'effectuer « par voie d'accord conformément au droit international afin d'aboutir à une solution équitable ».

Les États pouvant délimiter comme ils l'entendent et, à défaut, pouvant s'appuyer sur des circonstances spéciales ou sur le caractère équitable de la délimitation, ce n'est pas sans quelques raisons que l'on peut regarder les prescriptions du droit international en la matière comme des directives argumentaires plus que comme des règles contraignant à une délimitation précise.

22
DÉTROIT INTERNATIONAL

L'importance stratégique des détroits n'est pas à démontrer, tant du point de vue de la navigation internationale, des approvisionnements et du commerce international* (songeons au blocage du canal de Suez en 2021) que du point de vue militaire. Leur définition et leur régime juridique sont donc d'une importance capitale. Sous leur dénomination complète de « Détroits servant à la navigation internationale », une partie III de la CMB leur est consacrée où ils occupent notamment les articles 34 à 45, mais il faut compter avec des conventions internationales existant de longue date qui réglementent le passage dans certains détroits (CMB, art. 35).

Lorsqu'un détroit relie la mer territoriale* d'un État à une partie de la haute mer* ou la zone économique exclusive* d'un autre État, le régime du passage inoffensif* s'applique et ne peut être suspendu. Dans d'autres cas, pour les détroits qui servent à la navigation internationale (entre une partie de la haute mer ou une ZEE et une autre partie de la haute mer ou une ZEE), c'est le régime du passage en transit défini aux articles 38 et suivants de la CMB, assez proche du passage inoffensif.

23
DIFFÉREND

Dans l'âpre monde de la compétition internationale pour les espaces, les ressources et les marchés, les intérêts des uns et des autres sont très souvent opposés, comme par conséquent les interprétations* des règles ou des conduites. Tout cela favorise naturellement la multiplication des différends entre les sujets* du droit international.

Hormis le point cardinal du *règlement* des différends*, il arrive que la notion même de différend soit mise en question, par exemple devant la CPJI, qui y voit « un désaccord sur un point de droit ou de fait, une contradiction, une opposition de thèses juridiques ou d'intérêts » (1924, *Mavrommatis*) ; la CIJ a précisé que « les points de vue des deux parties, quant à l'exécution ou à la non-exécution de certaines obligations internationales [doivent être] nettement opposés » (CIJ 2016, *Violations alléguées...*). Elle semble même avoir accepté l'idée que, pour qu'il y ait différend, il importe que les États en cause aient eu « connaissance » d'une opposition de points de vue (CIJ 2016, *Obligations relatives à des négociations...*). Dans le même ordre d'idées, on oppose parfois les différends politiques aux différends juridiques.

Dans tous ces cas, c'est moins l'essence même du différend qui est en cause que la compétence de la Cour pour en connaître puisque, selon l'article 36 de son Statut, les États lui reconnaissent juridiction sur « tous les différends *d'ordre juridique* », qualification que rejettent parfois les défendeurs en la cause. Notons que, toujours compétente pour statuer sur sa compétence (art. 36 § 6 du Statut), c'est elle qui décide si ce qui est porté devant elle est bien un différend.

En dehors de ce cadre, il est bien rare que l'existence ou la définition d'un différend soit mise en cause.

24
DOCTRINE

Nul ne doute que la doctrine – œuvre des « docteurs » – se soit développée en droit international public comme dans toutes les branches du droit, surtout pas certains négationnistes radicaux pour qui ce dernier ne serait que doctrine.

On ne peut passer sous silence l'article 38 du Statut de la CIJ, qui fait de la « doctrine des publicistes les plus qualifiés des différentes nations » un « moyen auxiliaire de détermination des règles de droit ». Il est toutefois difficile d'apprécier précisément dans quelle mesure cette doctrine pèse sur les décisions judiciaires et arbitrales internationales car, au-delà d'assez rares références expresses à quelques travaux doctrinaux figurant dans certaines décisions, il faudrait pouvoir mesurer l'influence de la doctrine sur la formation des juges, voire la présence raréfiée de certains de ses représentants en son sein.

On se consolera peut-être en contemplant l'immensité du travail doctrinal réalisé au cours des siècles. À l'origine, ce sont essentiellement des théologiens et des jurisconsultes qui réfléchissent à l'existence et aux caractéristiques d'un droit des gens*, corpus de règles à vocation universelle mais émanant d'une communauté essentiellement chrétienne. Intégrant progressivement la « positivité » du droit international, les doctrines se sont diversifiées en écoles multiples, avec une tendance contemporaine assez nette à la technicisation, à la spécialisation, reflets des nécessités d'un droit de plus en plus réglementaire, certes apparemment plus proche de l'enviable juridisme des droits internes mais un peu oublieux des mystères persistants des origines.

25
DOMMAGE

Comme on le sait, en droit civil, « tout fait quelconque de l'homme, qui cause à autrui un dommage, oblige celui par la faute duquel il est arrivé à le réparer » (art. 1240 C. civ.). Appliquée au droit international, cette formule célèbre demande quelques adaptations (le fait de l'homme devenant celui qui est attribuable à un sujet* de droit international). Sans aucun doute le principe d'une réparation* est-il reconnu comme conséquence de la responsabilité internationale*. Au-delà des dommages matériels, on admet aussi les dommages moraux, ces derniers étant plus fréquemment l'objet de demandes de réparations qu'en droit interne (atteintes à l'honneur pour insulte au drapeau, à la souveraineté* par le survol non autorisé du territoire*, etc.). En revanche, d'autres aspects appellent des précisions.

En premier lieu, la question de savoir *qui* a subi le dommage réparable conduit à distinguer le dommage immédiat, qui résulte de l'atteinte à un intérêt juridiquement protégé d'un État, et le dommage médiat, où c'est une personne privée qui subit cette atteinte. Dans ce dernier cas, le mécanisme de la protection diplomatique* peut avoir pour effet de transformer en tout ou partie (selon les conceptions retenues de cette dernière) le dommage médiat en dommage immédiat.

En second lieu, si le Code civil mentionne la faute, celle-ci ne joue guère de rôle en droit international, où l'on évite prudemment de sonder les intentions des États et où, au mieux, on désigne par « faute » le fait internationalement illicite objectif.

En troisième lieu, si certains parlent de « préjudice juridique » en assimilant la violation d'une obligation internationale à un dommage, il reste que ce dernier n'a pas été retenu dans la définition du fait illicite dans la codification de la CDI de 2001. De plus, malgré leur importance pratique, les cas de responsabilité pour activités non interdites par le droit international sont aussi rares que spécifiques (Convention de 1972 sur les dommages causés par les engins spatiaux ; CMB, art. 263). Dès lors, il faut constater que les mises en cause de la responsabilité internationale sont pratiquement toujours liées à l'invocation d'un dommage, aussi largement entendu soit-il.

26

DROIT DE SE FAIRE JUSTICE À SOI-MÊME

Bien qu'il ne soit pas un concept juridique, le droit de se faire justice à soi-même est la caractéristique d'une large part de la pratique du droit international.

En effet, l'intervention d'un tiers impartial (juge ou arbitre) pour régler un différend* interétatique est relativement rare et, en tout cas, soumise au consentement* des parties. C'est que les États ne renoncent qu'avec parcimonie au pouvoir d'interpréter leur propre situation au regard du droit international. Ce n'est pas à la légère qu'ils prennent le risque de confier compétence à un tiers pour trancher un différend et d'accepter par avance le caractère obligatoire de sa sentence. Il en résulte que, dans la situation de droit commun, « chaque État apprécie pour lui-même sa situation juridique au regard des autres États », ainsi que l'a rappelé une célèbre sentence arbitrale de 1978. Ce constat a conduit certains à remettre en cause la juridicité même du droit international public. Sans nier ces difficultés, on doit nuancer fortement de pareilles conclusions.

D'abord, les droits internes connaissent des cas dans lesquels un sujet se fait justice à lui-même (exception d'inexécution, légitime défense, etc.), fût-ce de façon provisoire. Symétriquement, le droit international reconnaît la légitime défense*, la suspension ou la dénonciation du traité* (art. 60 de la CV69) ou les contre-mesures*. Ensuite et surtout, en droit international les actions de propre justice demeurent de simples prétentions, elles ne sont pas opératoires de plein droit et leurs effets dépendront de la réaction des autres sujets concernés.

Le droit de se faire justice à soi-même manifeste avec évidence le caractère subjectif et dialogique du droit international général.

27
DROIT DES GENS

Il n'y a pas si longtemps, les enseignements et ouvrages traitant de ce que l'on appelle aujourd'hui le « droit international public* » s'intitulaient « droit des gens ». Pourtant, y voir une pure et simple substitution de termes équivalents – introduite par l'utilitariste Bentham au XVIIIe siècle – serait une erreur. En effet, s'il est incontestable que ce que l'on a rangé des siècles durant sous la rubrique « droit des gens » représente une part essentielle de l'origine de notre droit international, celle-ci n'est ni exclusive ni dépourvue d'ambiguïtés. La définition complexe et fluctuante du *jus gentium* romain le montrait dès les origines.

Longtemps, les règles et principes relevant du droit des gens – applicables à l'homme en tant qu'homme, et non en tant que citoyen – en consacrant des valeurs et des solutions à vocation universelle se sont intriqués avec le droit naturel. Selon les traditions, le droit des gens était le droit naturel appliqué à l'homme, ou encore le droit naturel appliqué aux nations.

Il est une notion philosophique du droit des gens (distinct du droit civil et proche du droit naturel) en partie décalée de sa traduction historique qui comprend un ensemble de règles positives au même titre que le droit civil, mais communes à tous les peuples (par exemple la propriété privée, la monnaie). Ces institutions, règles, principes généraux* touchant à la fois au droit civil et au droit naturel sont pour partie à l'origine de l'usage de la notion de droit des gens.

À partir de Suarez, à la fin du XVIe siècle notamment, le *jus gentium* se centre sur les rapports des États entre eux, la conduite réciproque dans la paix et dans la guerre*, la représentation diplomatique, les conventions commerciales, les traités de paix, les servitudes ou les conventions d'arbitrage, l'ensemble dérivant du principe de droit naturel *Pacta sunt servanda**. La route, longue encore, était ouverte qui aboutirait au droit international public contemporain.

28
DROIT DES PEUPLES À DISPOSER D'EUX-MÊMES

Les « peuples » mentionnés dans cette expression sont parfois assimilés à des États : ainsi de l'article 1 de la Charte des Nations Unies aux termes duquel l'un des buts de l'organisation passe par le respect « du principe de l'égalité de droits des peuples et de leur droit à disposer d'eux-mêmes ». En ce sens, il s'agit essentiellement du droit de choisir un régime politique et de s'administrer librement sans ingérence* extérieure, comme le rappelle la résolution 2625 (XXV) de l'Assemblée générale des Nations Unies : « Tout État a le droit inaliénable de choisir son système politique, économique, social et culturel sans aucune forme d'ingérence de la part d'un autre État » (voir aussi les Pactes des Nations Unies de 1966).

En revanche, appliquée aux « peuples » distingués des États, l'expression désigne un droit des peuples colonisés, droit dont les objectifs et modalités d'exercice sont décrits dans la résolution précitée (création d'un État souverain et indépendant, ou libre association avec ou sans intégration dans un État indépendant, ou acquisition de tout autre statut). Soulignant son importance, la CIJ a admis que ce droit est opposable *erga omnes* dans l'affaire du *Timor* en 1995.

Sous ces deux aspects, le droit des peuples à disposer d'eux-mêmes ne soulève guère d'objections de principe. En revanche, lorsqu'il s'agit d'en étendre la portée en dehors de toute situation coloniale, voire d'occupation étrangère ou de régime raciste, la discussion est plus vive. On ne peut reconnaître à des groupes se proclamant « peuples » (même avec quelque motif) un droit de sécession* sans heurter de front la souveraineté* de l'État et sans le menacer de dislocation. D'où les résistances opposées à l'extension du principe.

29
DROIT HUMANITAIRE

Sous cette expression sont regroupées les règles concernant les opérations militaires (moyens et méthodes de combat) et la protection des personnes (victimes et non-combattants). Si le projet d'humaniser la guerre* est très ancien, la volonté d'établir un *jus in bello* a été une préoccupation majeure au XVIIe siècle, notamment dans le *Droit de la guerre et de la paix* de Grotius.

Des dizaines de conventions internationales se sont succédé depuis le XIXe siècle, mais le droit international humanitaire (dont l'origine coutumière a été soulignée par la CIJ dans son avis de 2004 sur le *Mur*) est aujourd'hui essentiellement synthétisé dans quatre conventions de Genève de 1949 sur l'amélioration du sort des blessés et des malades dans les forces armées en campagne, la protection des personnes civiles en temps de guerre, le traitement des prisonniers de guerre, l'amélioration du sort des blessés, des malades et des naufragés des forces armées sur mer, ainsi que dans les deux Protocoles additionnels de 1977 relatifs à la protection des victimes des conflits armés internationaux (incluant les luttes pour la décolonisation sur le fondement du droit des peuples à disposer d'eux-mêmes*) et non internationaux.

L'importance de ces principes a conduit la CIJ à leur reconnaître un caractère *erga omnes* ; elle a même cru pouvoir les dire « intransgressibles » (CIJ 1996, *Licéité de l'emploi*).

L'emploi de la force* étant condamné par le droit international, les États ont de plus en plus recours à des formes de violence diversifiées (interventions* extérieures, appui à des groupes rebelles, recours à des sociétés privées pour des opérations militaires à l'étranger, voire exécutions extra-judiciaires par voie de drones, prisons clandestines où se pratique la torture, etc.). L'une des difficultés majeures du droit international humanitaire est de s'y adapter. Il en va de même lorsqu'il s'agit d'appréhender les violations des principes du droit humanitaire par des entités non étatiques.

La violation du droit humanitaire, qui prend le plus souvent la forme d'infractions graves, peut conduire à mettre en cause la responsabilité internationale de l'individu par application des principes et, le cas échéant, des procédures instituées par le droit international pénal*.

Le droit humanitaire montre combien il est difficile de concilier le recours à la force*, même illicite, et le respect d'engagements qui n'ont de raison d'être que dans son usage.

30
DROIT INTERNATIONAL PÉNAL

Ce qui est devenu une branche très développée du droit international public ne devrait pas être confondu avec le droit pénal international. Ce dernier, qui comporte certainement des aspects de droit international – ne fût-ce qu'en raison des nombreuses conventions d'extradition* – concerne les mécanismes de coopération entre les organes nationaux étrangers relatifs à l'incrimination et la répression d'infractions au droit *interne*. Le droit international pénal, quant à lui, recouvre l'ensemble des règles de *droit international* relatives à la prohibition et à la répression du comportement d'individus. Quand ces derniers sont des agents de l'État, ce qui est fréquent, cette qualité est écartée de sorte à mettre en cause la responsabilité de l'individu.

À quelques exceptions historiques près, l'origine de ce droit est à rechercher dans le Statut du Tribunal militaire de Nuremberg, mais ce n'est que dans les années 1990 qu'il a connu un regain de vitalité avec la création des tribunaux pénaux internationaux pour la Yougoslavie, le Rwanda et, en 1998, la Cour pénale internationale. Sous réserve de la ratification* du Statut de cette dernière, et sauf si elle est saisie par le Conseil de sécurité, les crimes de génocide*, contre l'humanité, de guerre et d'agression* relèvent de sa compétence – sous des conditions qu'on ne peut évoquer ici.

Lorsqu'il emprunte la voie institutionnelle (création de la CPI), le droit international pénal peut apparaître à certains égards comme contribuant à la personnalité internationale de l'individu et réalisant un progrès dans la punition des méchants. Toutefois, certains s'interrogent, non sans quelques raisons, sur la sélectivité de la répression et le fonctionnement pratique de ce « modèle étrange » dépourvu d'attributs régaliens et détaché d'une *politique* pénale internationale par hypothèse inexistante.

31
DROIT INTERNATIONAL PUBLIC

Si l'on délaisse la riche histoire et les évolutions de l'expression – du « droit des gens »* au « droit international public » – et celle des conceptions qui en ont été proposées, il est acceptable d'admettre la formule très générale selon laquelle le droit international public est un produit du concours et du consentement* (direct ou indirect) de plusieurs États. Elle doit être précisée cependant.

Dire que c'est « *un* » produit (et non « *le* » produit) laisse à penser – à juste titre – qu'il en est d'autres, de nature différente, comme certains textes ou déclarations politiques pesant parfois très lourdement dans les relations internationales ; ces dernières, pas plus que les relations humaines, ne sauraient être constituées que de relations juridiques, tant s'en faut. Produit par les voies admises de sa formation et de sa mise en œuvre, le droit international est constitué d'accords, de règles, d'institutions internationales, de procédures et de pratiques.

Le caractère « direct ou indirect » de cette production englobe notamment les actes et comportements des États exprimant ou visant à obtenir un consentement* à la règle, la masse des actes unilatéraux* émanant des organisations internationales* sous les formes variées de ce que l'on appelle le « droit dérivé », leur droit interne* ainsi que les conventions que ces dernières concluent avec des États ou entre elles. Cet ensemble se rattache à ce que l'on persiste à appeler les « sources du droit international »*, coutumes* ou traités*, y compris bien sûr les chartes constitutives des organisations, siège de leur compétence pour édicter des règles opposables à leurs États membres. Même si l'art. 38 d) du Statut de la CIJ ne les qualifie que de « moyens auxiliaires », on ne saurait exclure du droit international public les « décisions judiciaires », qu'elles soient internationales ou nationales (auxquelles la CIJ se réfère elle-même souvent).

Il faut intégrer à ce qui forme l'ensemble dit « droit international public » les comportements de ses sujets* : l'expliquent la théorie de la coutume ou celle, par exemple, de la pratique subséquente en matière de traités (CV69, art. 31 § 3 b), ainsi que tout ce qui renvoie aux mouvements fluides des discours et des pratiques, ce qui impose de se départir d'une conception trop textuelle du droit. Aussi une vue plus complète – mais aussi plus difficile à appréhender – de ce dont est constitué le « droit international public » ne doit-elle pas négliger les diverses manifestations par lesquelles ses règles sont appliquées et interprétées* en pratique.

On juge parfois comme une imposture la prétention du droit international public à relever du « droit » en raison de ses supposées déficiences en matière de sanctions* ; en réalité, c'est plutôt le caractère « décentralisé » (donc unilatéral) de ces dernières qui nourrit un soupçon. Curieusement, les innombrables convictions inverses exprimées par les acteurs de la scène internationale et leur pratique massive ne parviennent pas toujours à le réduire. Que, en raison de la trop grande place occupée par l'unilatéralisme, le droit international soit accusé de se modeler très largement sous l'impulsion dominante des puissants est parfaitement exact, mais ce point ne le sépare que modérément du droit interne.

32
DROIT INTERNE

Même si cela paraît surprenant au premier abord, les *100 mots du droit international* ne peuvent pas omettre le droit interne. C'est un passage obligé lorsque cette expression est – comme parfois – utilisée pour désigner l'ensemble des règles régissant les activités internes d'une organisation internationale* (traité constitutif de l'organisation, actes émanant des organes de celles-ci et applicables notamment à ses fonctionnaires et agents). Mais il faut le comprendre aussi et surtout lorsque, comme c'est le plus souvent le cas, l'expression renvoie au droit national des États, car la complémentarité du droit interne et du droit international n'est discutée par personne, pas même par les tenants du dualisme*.

Rappelons que les États, historiquement et logiquement antérieurs au droit international – lequel n'a de raison d'être que dans leur distinction et dans leurs rapports –, sont des entités structurées par le droit interne (la Constitution au premier chef). C'est ce dernier qui distribue les rôles entre les différents organes de l'État et pose les conditions de l'applicabilité interne du droit international. Le droit interne est également indispensable à l'élaboration des actes internationaux, ne fût-ce que par la répartition des compétences qu'il opère entre les organes exécutifs et législatifs pour le destin des traités* internationaux. Ainsi, l'exécution de la plupart des engagements internationaux doit se traduire par des mesures internes sans lesquelles ils resteraient lettre morte. Le rôle du droit interne apparaît encore en matière de responsabilité internationale* : celle-ci peut être mise en cause du fait de l'adoption d'un acte interne contraire à un engagement international et, par ailleurs, l'imputation à un État d'un fait internationalement illicite nécessite absolument le concours du droit interne pour qualifier d'« organe de l'État » l'auteur du manquement au droit international.

Si l'on ajoute enfin qu'il arrive que le renvoi à un droit interne donne sa substance à certaines règles de droit international, on constate non seulement un rapport de complémentarité indispensable entre les deux types d'ordres juridiques*, mais encore les limites de la théorie de l'indifférence du droit international pour le droit interne.

33
DROITS DE L'HOMME

On peut juger l'expression traditionnelle « droits de l'homme » – dont le dernier terme est un concept – meilleure que celle de « droits humains », qualificatif inadéquat ; sauf à revenir au droit naturel, le droit est en effet par définition « humain ». Les droits de l'homme sont avant tout un ensemble de règles acceptées et d'obligations assumées par les États qui se distinguent par leur substance : la protection et la garantie internationales des droits et libertés fondamentales dont aucun être humain ne devrait être privé.

C'est le caractère *international* de cette protection qui constitua, lorsqu'ils furent consacrés, une véritable révolution dans le droit international public. En effet, en transformant en obligation internationale – en raison de l'universalité proclamée de certaines valeurs – un devoir de protection ou de garantie qui n'était jusqu'alors que du ressort du droit interne*, la Charte des Nations Unies (Préambule, art. 1 § 3) et la Déclaration universelle des droits de l'homme de 1948 (inspirés de textes internes) sont à la fois le point d'aboutissement et le point de départ d'une évolution qui entend conférer à l'homme en tant qu'homme (et non en tant que citoyen d'un État en particulier) des droits internationalement protégés dont il est bénéficiaire et dont il peut réclamer le respect. Cela passe par la mise en place conventionnelle de cette protection des droits et libertés et, le cas échéant, de procédures permettant de les faire valoir s'ils sont méconnus. En ce cas, et dans cette mesure, on peut juger que l'individu est promu au rang de sujet* du droit international.

S'ils ont contribué au développement du droit international et à sa pénétration dans les droits nationaux, les droits de l'homme ont eux-mêmes beaucoup évolué. C'est d'abord pour protéger un certain nombre de droits civils et politiques (ceux de l'homme abstrait, supposant pour l'État le devoir de s'abstenir) que les États ont mis en place des garanties internationales. Ensuite sont venus les droits économiques, sociaux et culturels (ceux de l'homme « situé », supposant de l'État une prestation positive). La distinction est bien illustrée par les deux Pactes des Nations Unies de 1966. L'évolution des droits de l'homme est aussi et surtout le fait des interprétations constructives, parfois audacieuses, qui en ont été faites par les organes d'application, de contrôle ou juridictionnels (selon ce qui est mis en place conventionnellement au niveau régional ou universel).

Au sein de ces ensembles, on distingue un « noyau dur », auquel il ne saurait être dérogé, même en cas de menace exceptionnelle, danger de guerre ou autre : droit à la vie, à ne pas être torturé ni subir de traitements inhumains et dégradants… Noyau autour duquel gravitent un nombre croissant d'autres droits. Cette croissance a d'ailleurs pu susciter des réactions de la part de ceux qui la jugent excessive. La Cour européenne des droits de l'homme, du fait du droit de recours individuel mis en place par la Convention, a développé une jurisprudence pléthorique (plus de 20 000 arrêts depuis sa création) qui fait des droits de l'homme un domaine spécialisé du droit international.

34
DUALISME

Tout comme son opposé le monisme*, le mot désigne une certaine représentation doctrinale de ce que l'on pourrait appeler les rapports entre le droit international et le droit interne* si, précisément, elle ne consistait pas à démontrer qu'ils n'ont pas ou peu de « rapports ». Pourtant, l'effectivité* du droit international dans son ensemble dépend de ces rapports. Décrites par Triepel et Anzilotti comme appartenant à des ordres juridiques* séparés quoique complémentaires et même indispensables l'un à l'autre, les règles internes et internationales – valides et « juridiques » uniquement dans leur ordre propre – n'ont en effet selon eux ni les mêmes sujets, ni les mêmes sources, ni les mêmes objets.

C'est la Constitution de l'État qui régit la façon dont le droit international sera « reçu », « incorporé », « transformé » (chacun de ces termes fait débat) en droit interne, qui développe ainsi un droit interne d'origine internationale demeurant, de façon ultime, sous le contrôle de l'État (voir, s'agissant du droit de l'Union européenne, les arrêts *Solange* de la Cour constitutionnelle allemande). Cette vue « nationaliste » a été critiquée en ce qu'elle aboutirait à une primauté* du droit interne, ce qui suppose de voir dans cette dernière la défense d'une hiérarchie, point de vue lui-même critiquable.

La séparation théorique des ordres juridiques du dualisme a cette conséquence qu'il n'existe pas de rapport de validité entre eux : un acte valide en droit interne peut être regardé comme illicite du point de vue international (en ce sens, voir art. 27 de la CV69) et inversement. Il en découle que l'État pourra voir sa responsabilité internationale* mise en cause s'il maintient ou édicte des actes internes en contradiction avec ses obligations internationales. Ce point de vue, d'ailleurs partagé par la doctrine moniste, rend parfaitement compte de la pratique et de la jurisprudence internationales.

35
EAUX INTÉRIEURES

Les eaux intérieures d'un État sont celles qui se trouvent « en deçà de la ligne de base* de la mer territoriale* » (CMB 1982, art. 50). Elles sont pleinement assimilées au territoire* et leur régime juridique ne se distingue de ce dernier que par la présomption (*ex gratia*) d'accès libre des navires étrangers et l'obligation qui pèse sur l'État territorial d'accorder à ceux-là le séjour dans ses ports en cas d'avarie.

Hormis quelques règles relatives aux navires privés et aux navires de guerre qui y séjournent, la principale question pratique que posent les eaux intérieures (tout comme la mer territoriale) est celle de la détermination de la ligne de leur séparation, la ligne de base.

36
EFFECTIVITÉ

L'effectivité est un mot très courant dans le vocabulaire du droit international et pourtant d'une extrême difficulté à expliciter. On le comprend d'emblée quand on lit ce que nous dit le *Dictionnaire du droit international* : « Caractère de ce qui existe en fait. Qualité d'une situation juridique qui correspond à la réalité. » Il est vrai que, bien souvent, l'effectivité semble le moyen à peine pudique de consacrer le fait (et, par là, l'issue d'un rapport favorable au plus fort). Solidaire du fait, l'effectivité se distingue de la règle de droit qui, dans sa prétention normative, est censée diriger les actes et les comportements dans les faits, et non être dirigée par eux. Mais si, d'un côté, il est choquant qu'une exigence juridique soit entièrement soumise à la condition de correspondre à la réalité, que dire, d'un autre côté, d'une règle qui ne correspondrait à rien en pratique ?

Le nombre et la variété des règles de droit international qui font expressément référence à l'effectivité indique pourtant son omniprésence : prescription acquisitive, nationalité*, occupation* des terres sans maître, reconnaissance* d'État, droits de l'homme*, création d'État, différends territoriaux, responsabilité internationale*, responsabilité du supérieur hiérarchique, lien de l'État avec les navires arborant son pavillon, protection diplomatique*, etc.

Il semble que derrière ce mot unique se profilent différentes fonctions, dont la principale, si l'on écarte toute idée de « principe général d'effectivité », est d'orienter la compréhension possible d'une règle. Par exemple, lorsque la CEDH s'interroge sur un critère d'application des droits protégés par la Convention, c'est à l'espace effectivement contrôlé par l'État et non à celui formellement légitime et reconnu qu'elle se réfère.

Ici, loin de consacrer la normativité immanente du fait, l'effectivité paraît consacrée comme critère juridique intégré à la règle.

37
ÉGALITÉ

En droit international, qu'elle apparaisse de façon explicite ou non, l'égalité est surtout en question à propos des sujets* du droit international et des valeurs.

Distincte de l'équité*, à laquelle il ne faut pas l'assimiler, l'égalité est un concept mathématique transposé dans les affaires sociales ; elle n'est sans doute jamais naturelle de manière générale mais, telle qu'elle est appliquée aux États pour ce qui est du droit international public, elle apparaît comme un postulat inévitable (Charte des Nations Unies, Préambule : « égalité de droits [...] des nations, grandes et petites » ; art. 2 : « L'Organisation est fondée sur le principe de l'égalité souveraine des États membres » ; à l'Assemblée générale, le principe un État = une voix...). Ce n'est pas exactement le cas du droit interne*, qui, s'il peut aussi prétendre protéger l'égalité de ses sujets, doit hiérarchiser les intérêts publics et privés. En droit international, la souveraineté* caractérisant l'État implique l'égalité. En théorie, un État ne saurait être juridiquement soumis à un autre dans une hiérarchie descendant des sommets des États supérieurs vers la vallée des États inférieurs, sans quoi ces derniers ne seraient plus souverains. On interprète souvent le droit de veto* au Conseil de sécurité comme une atteinte au principe de l'égalité des États.

La Charte n'a d'ailleurs pas consacré que l'égalité des États avec cette entorse majeure du veto ; elle a aussi consacré celle des peuples.

Appliquée aux valeurs, l'égalité se nomme équivalence. Exemples : le fait illicite entraîne une obligation de réparer, restaurant l'égalité qu'il avait rompue entre deux ou plusieurs sujets. C'est parce que l'obligation coutumière est de valeur égale à l'obligation conventionnelle que le régime de la mutation des actes est complexe : la coutume* peut modifier le traité* et inversement ce dernier déroger à celle-là. Quant à la question du *jus cogens**, elle a été controversée moins du fait qu'il introduit la défense de valeurs (et donc de règles) supérieures qu'en raison des difficultés à en tirer les conséquences en termes de régime juridique.

38
ENVIRONNEMENT

Une phrase célèbre tirée d'un avis de la CIJ dit que « l'environnement n'est pas une abstraction mais bien l'espace où vivent les êtres humains et dont dépendent la qualité de leur vie et de leur santé, y compris pour les générations à venir » (CIJ 1996, *Licéité*...). Les tardives prises de conscience des enjeux climatiques, notamment, expliquent que la considération apportée à l'environnement par les règles de droit international positif soit assez récente et désespérément timide.

À ce jour, ces règles demeurent très dispersées : telle portant sur l'espace (Convention sur la protection de la mer Noire contre la pollution de 2002), telle autre sur les ressources (Traité sur les ressources phytogénétiques de 2001), telle autre encore sur un événement (Convention sur la pollution atmosphérique transfrontière à longue distance de 1979), etc., sans compter les dispositions relatives à l'environnement dans des textes qui ont un objet différent ou plus large (CMB), ainsi que nombre de résolutions, déclarations, textes et conférences (COP) de niveaux politique et juridique variables.

Il est donc difficile d'en donner une idée d'ensemble. À une réglementation sectorielle désormais abondante (environnement marin, atmosphère, espèces, écosystèmes et biodiversité, substances et activités dangereuses...) s'ajoutent des concepts et principes empruntés au droit international général ou spécifiques à ce qui tend à devenir une branche du droit international public : principes de prévention et de précaution, principe pollueur-payeur, principe d'utilisation non dommageable du territoire, développement durable.

39
ÉQUITÉ

Cela fait longtemps que le lien qui unit l'équité et le droit a été souligné. On le retrouve en droit international même s'il n'est pas parvenu à dissiper certaines ambiguïtés de cette relation.

En effet, en droit international comme ailleurs, l'équité peut être une solution alternative au droit : ainsi l'art. 38 § 2 du Statut de la CIJ donne à cette dernière la possibilité, en cas d'accord des parties, de statuer *ex æquo et bono* (selon l'équité). Cette mission est distincte de sa fonction contentieuse ordinaire (régler les différends « conformément au droit international », art. 36 § 1). Mais cette possibilité n'a jamais été exploitée en pratique par la Cour, même si, un temps, on a pu dénoncer des « dérives » dans le domaine des délimitations* maritimes où certaines interprétations ont ouvert trop largement le gouffre des circonstances d'espèce dans lequel l'idée même de règle générale a tendance à s'abîmer. C'est essentiellement dans l'application et l'interprétation même des règles de droit que l'équité se loge la plupart du temps.

À cet égard, il est classique de distinguer l'équité dans son seul rapport avec la règle de droit comme opérant *intra legem*, *præter legem* (pour combler une lacune) et *contra legem* (ce qui ne devrait pas trouver application en droit international en raison de l'exigence du consentement*). Mais il faut avouer que ces distinctions un peu floues font trop bon marché de l'interprétation* où prospère, on le redit, l'essentiel du recours à l'équité.

C'est ainsi qu'il convient de comprendre les nombreuses références à l'équité, au résultat équitable, etc., dans ce qui est présenté comme l'application d'une règle dont on corrige certains effets jugés trop rigoureux. Dès lors, il semble que l'on ne se soit pas beaucoup éloigné de ce que disait Aristote de l'équité.

40
ESPACES

Le concept d'État* renvoie à une réalité qui est en partie spatiale, réalité dont la puissance et la richesse sont largement liées à l'étendue (et aux ressources qui s'y trouvent) sur laquelle il exerce des compétences propres. L'espace compris comme lieu (stratégique : une base militaire dans un atoll) peut même représenter un bien précieux pour un État. Dès lors, il n'est pas surprenant qu'une quantité de règles de droit international aient un objet en relation avec un espace : acquisition d'un titre sur un espace, délimitation* des espaces, devoir de vigilance, détermination des espaces de validité des règles de droit interne*, exploitation des ressources dans un espace, droits et obligations des tiers, etc.

Ce qui précède explique et éclaire le phénomène de *diversification* des espaces qui, dès lors, doivent être compris comme les espaces *du* droit international public. Ce sont en réalité des qualifications juridiques de lieux où s'exercent des compétences de l'État : ces compétences sont variables, et c'est cette variation qui peut faire croire que les espaces eux-mêmes sont diversifiés. Ainsi, selon une échelle de territorialité croissante ou décroissante, se succèdent le territoire*, la mer territoriale*, etc., ce qui est en réalité une succession de régimes juridiques différenciés.

Mention spéciale doit être faite de l'espace aérien (surjacent au territoire) et de l'espace extra-atmosphérique qui n'ont pas de limites définies en altitude (les propositions en ce sens ont échoué) : l'espace extra-atmosphérique est au-delà du premier et aucun titre territorial ne peut s'y constituer. Les compétences des États y sont définies de façon fonctionnelle.

41
ÉTAT

Comme, selon une définition largement acceptée, le droit international public est un produit du concours (direct ou indirect) de plusieurs États, il n'est pas de mot plus central que celui d'« État ». Cette centralité ne signifie pas que le droit international soit demeuré purement interétatique, ce qu'il n'est plus à bien des égards (multiplication des organisations internationales*, reconnaissance de la qualité de sujets* aux individus, etc.) mais souligne simplement que son extension au-delà d'eux-mêmes (par transferts de compétences notamment) reste de leur fait : ainsi, si certaines organisations internationales produisent des règles juridiques obligeant les États membres, c'est parce que cette compétence leur a été consentie par ces derniers dans l'acte constitutif de l'organisation.

La réunion d'un territoire*, d'une population et d'un gouvernement est unanimement considérée comme permettant de caractériser l'État. Même si elle n'élimine pas un certain nombre de difficultés théoriques (s'agit-il de conditions factuelles ou juridiques ?) et en dépit des questions que son application peut poser au cas par cas (certaines entités présentent ces caractéristiques, à des degrés variables, qui engendrent le doute sur la qualité d'État – comme la cité du Vatican – ou alors qui ne sont ou ne devraient pas être considérées comme tel : République turque de Chypre, voire « Daech » ; problèmes d'imputation en matière de responsabilité internationale*, etc.), cette définition demeure largement opératoire. Un avis de 1991 de la Commission d'arbitrage pour la paix en Yougoslavie résume la question : « L'État est communément défini comme une collectivité qui se compose d'un territoire et d'une population soumis à un pouvoir organisé ; il se caractérise par la souveraineté ; la reconnaissance par les autres États a des effets purement déclaratifs ; l'existence ou la disparition de l'État est une question de fait. » Un vaste débat existe autour du caractère constitutif ou déclaratif de la reconnaissance* d'État ; elle participe des deux si l'on envisage à la fois les données factuelles (caractère déclaratif, la reconnaissance ou non de l'État ne modifie pas ces dernières) et les données subjectives (caractère constitutif de la relation issue de la reconnaissance). La situation d'un État qui ne serait reconnu par personne serait toutefois presque intenable.

Sur un plan politique, voire philosophique, on peut discuter de l'opportunité qu'il y aurait ou non à « dépasser » cet État que Hegel jugeait indépassable. Reste qu'on ne peut s'en tenir à une vue statique, car l'État renvoie à des réalités sociologiques avec lesquelles il apparaît, évolue et parfois disparaît : dislocation d'États, décolonisation, sécessions*, annexions*, etc.

42
EXTRADITION

La mise en œuvre de ce mécanisme de coopération interétatique par lequel un État (requis) livre une personne se trouvant sur son territoire à un autre État (requérant) qui en fait la demande relève en principe de la compétence discrétionnaire de celui-là (op. commune sous CIJ, Ord. 1992). Toutefois, l'extradition a été et continue d'être un remarquable laboratoire de l'évolution du droit international public.

Y a concouru la multiplication des traités d'extradition, d'abord bilatéraux, puis multilatéraux, par lesquels les États se sont engagés, sous des conditions variables, à se livrer réciproquement les personnes poursuivies pour une infraction ou recherchées aux fins d'exécution d'une peine ou d'une mesure de sûreté (voir Convention européenne d'extradition, 1957).

Ensuite, nombre d'affaires d'extradition portées devant le juge interne (en France du moins, à l'occasion de litiges relatifs au décret d'extradition) ont été l'occasion d'enrichir considérablement la question des rapports du droit international et du droit interne*, notamment en ce qui concerne la possibilité pour un particulier d'invoquer les dispositions d'un traité ou encore les questions d'applicabilité *lato sensu* de ce dernier.

De plus, la jurisprudence relative à la protection des droits de l'homme* a évolué de sorte qu'elle s'étend à l'État requis pour des traitements qui seraient infligés par l'État requérant en cas d'extradition.

Enfin le lien qui s'établit dans certains cas entre le droit d'asile* et l'extradition (notamment la question des délits politiques) vient enrichir cette question.

43
EXTRATERRITORIALITÉ

Ce terme regroupe les prétentions qu'un État peut avoir d'exercer ses compétences de façon directe ou indirecte en dehors de son territoire. Il ne doit pas être confondu avec l'exterritorialité, fiction abandonnée mais longtemps appliquée, par exemple aux capitulations, aux ambassades* ou aux navires de guerre assimilés à des portions de territoire* incluses ou flottantes dans le territoire d'un autre État.

Si l'on parle de « prétention » extraterritoriale, c'est d'une part que l'usage a confondu sous un même terme des situations très différentes et, d'autre part, qu'elle peut n'être pas acceptée par les États concernés, voire être condamnée comme illicite.

Ainsi ne devrait-on pas, en toute rigueur, parler d'extraterritorialité pour ce qui relève de la compétence personnelle de l'État, laquelle s'exerce par définition du fait d'un rattachement indifférent à toute considération spatiale (loi du pavillon pour le navire ou état civil d'une personne). L'application à ces entités ou personnes de leur droit national est plutôt « a-territoriale ». Dans le même sens, la vocation à s'appliquer de certains textes est indifférente aux espaces considérés (traités* – comme celui de 1970 sur la capture illicite d'aéronef – donnant aux États parties compétence pour incriminer certains comportements), les législations nationales prévoyant une compétence pénale universelle.

On a beaucoup parlé de la très critiquée extraterritorialité de lois étatsuniennes en matière économique, expression juste s'il s'agit de leur *vocation* (c'est-à-dire incluant à tort dans leur champ d'application des situations ou des biens sis à l'étranger), mais inexacte s'il s'agit de leur application (opérationnelle), laquelle ne peut tout simplement pas se réaliser sans l'accord ou la coopération des États concernés. Il est vrai qu'elles ont pu trouver néanmoins application sous l'énorme pression économique exercée sur ces derniers par les États-Unis à titre principal. C'est alors la licéité de cette pression qui pourrait être mise en cause au regard du droit international (voir l'Acte final de la Conférence de Vienne de 1969).

Sous le bénéfice de ce qui précède, on peut admettre qu'il existe en pratique des *prétentions* à la vocation extraterritoriale de certaines règles ou compétences internes, mais que leur *application* extraterritoriale unilatérale et de plein droit est toujours exclue.

44
FORCE

Si, comme l'avait noté Rousseau, la force ne peut pas être purement et simplement assimilée au droit, ce dernier, sans jamais éliminer les rapports de force dont il est souvent la résultante, ne peut que l'exclure formellement. Cela se vérifie en droit international mieux qu'ailleurs : si les relations internationales demeurent d'une grande violence, il reste que, dans les relations que les États considèrent eux-mêmes comme soumises au droit, le principe de la prohibition du recours à l'emploi de la force (et pas seulement de la guerre*) a été posé de la façon la plus nette par la Charte des Nations Unies. Dans une perspective proche du *Léviathan* de Hobbes, on peut même y voir l'acte de naissance du droit international public.

La disposition cardinale est l'article 2, paragraphe 4 de la Charte imposant aux États de s'abstenir, « dans leurs relations internationales, de recourir à la menace ou à l'emploi de la force, soit contre l'intégrité territoriale ou l'indépendance politique de tout État, soit de toute autre manière incompatible avec les buts des Nations Unies ».

Au principe posé par cet article, la Charte et la pratique ont apporté des exceptions qui ne sont pas contestées dans leur principe (mais souvent dans leur application) : tel est le cas de la légitime défense*, des actions militaires autorisées par le Conseil de sécurité dans le cadre de sa mission de maintien de la paix et de la sécurité internationales* et d'une sollicitation expresse du gouvernement légal d'un État appelant à une intervention* extérieure.

Quant aux termes de l'article 2, paragraphe 4, il va sans dire qu'ils ont fait l'objet de nombre de prétentions en pratique : la « force » est-elle militaire ou s'étend-elle à des pratiques d'asphyxie économique ? Quel est le seuil requis pour qualifier un acte de recours à la force illicite (opérations de police, escarmouches mortelles, arraisonnements violents… qui peuvent bien sûr être illicites d'un autre point de vue que celui de l'art. 2 § 4) ? Qu'est-ce qu'une « menace » tombant sous le coup de l'article 2, paragraphe 4 ? On s'est même sérieusement demandé si la possession d'armes nucléaires était une menace (ce à quoi la CIJ, dans son avis de 1996, n'a pas répondu). La réponse à ces questions est à chercher dans la manière dont les États ont justifié leurs actions et dans les réactions qu'elles ont provoquées de la part de la communauté internationale*.

45
FRONTIÈRE

Dans l'espace quadrillé par les règles juridiques, il existe une assez grande variété de limites (zones maritimes, frontières des États fédérés, lignes de front ou de contrôle, etc.), dont la frontière, certainement la plus importante du point de vue du droit international public.

La frontière désigne la limite du territoire* d'un État. Comme l'a dit la CIJ, « une frontière marque la séparation des souverainetés étatiques, autant sur la surface terrestre que dans le sous-sol et l'espace atmosphérique » (CIJ 2005, *Différend frontalier*). On ne saurait donc être surpris du caractère central de ce concept en droit international public. À dire vrai, dans un monde sans frontières, le droit international n'aurait à peu près aucune raison d'être : la frontière et sa délimitation* font partie des conditions de possibilité et de développement du droit international, qui repose largement sur elles en tant qu'elles matérialisent l'identité et la *distinction* entre les États.

C'est à tort que l'on oppose parfois les frontières prétendument « naturelles » à celles qui ne le sont pas (frontières dites « artificielles »), car si les premières se calquent sur des réalités géographiques (chaîne de montagne ou fleuve), toutes sont le résultat non de la nature mais de l'histoire, de rapports de force que viennent souvent entériner les clauses de traités de paix. Aussi la dénonciation du caractère artificiel des frontières issues de la colonisation en Afrique par exemple doit-elle se comprendre plus comme la critique d'une pratique impériale que comme le souhait douteux de dessiner des entités politiques ethniquement pures.

Les méthodes de délimitation* des zones maritimes sont nombreuses, mais aucune règle de droit ne s'impose en matière de délimitation des frontières terrestres, laquelle est laissée à l'histoire et aux accords conclus entre les États concernés.

Si certaines idéologies mondialistes s'efforcent de faire à la frontière une mauvaise réputation politique en les assimilant à une forme d'autisme, voire à un dangereux nationalisme soupçonnable des pires intentions, c'est au prix d'assez grossières confusions. Il n'est que de voir les inconvénients auxquels sont exposés les États qui n'ont pu ou su régler leurs différends frontaliers et sont séparés par d'infranchissables murs ou herses de barbelés engendrant beaucoup de souffrances.

En toute hypothèse, la pratique des États témoigne du dynamisme des frontières et du prix qu'ils y attachent. La stabilité et le respect des frontières sont considérés comme des conditions du maintien de la paix et de la sécurité internationales*.

46
GÉNOCIDE

L'excellent *Dictionnaire de la terminologie du droit international* publié en 1960 ne mentionne pas ce terme, qui occupera pourtant une page et demie dans le *Dictionnaire de droit international public* publié quarante ans plus tard. Cela est révélateur de l'évolution du droit international à ce sujet. En effet, même si le génocide a été consacré comme infraction internationale gravissime dès la très importante Convention de 1948 (laquelle qualifie de génocide les « actes commis dans l'intention de détruire, en tout ou partie, un groupe national, ethnique, racial ou religieux comme tel », obligeant les États à se reconnaître compétents pour en juger les auteurs), la mise en place de juridictions internationales pénales à la fin du XXe siècle a beaucoup contribué à multiplier les occasions de reconnaissance et de condamnation de pratiques génocidaires (Tribunal pénal international pour la Yougoslavie, Tribunal pénal international pour le Rwanda, Cour pénale internationale). L'article 6 du Statut de la CPI précise quels peuvent être les actes qualifiés de génocide, dont : meurtre de membre du groupe, atteinte grave à l'intégrité mentale ou physique, soumission intentionnelle à des conditions d'existence devant entraîner la destruction totale ou partielle du groupe, etc. Cette dernière formule aurait pu s'appliquer aux épouvantables pratiques d'hier contre les Indiens d'Amérique, elle pourrait hélas trouver application à certaines situations contemporaines. C'est là un problème de qualification qui dépend de considérations techniques (questions de compétence, par exemple) et factuelles (« selon que vous serez puissant ou misérable... »).

Crime* par excellence, un génocide avéré et perpétré par les autorités d'un État contre une partie de sa population (en violation de son devoir de protection) doit certainement faire plier le principe de non-ingérence*, même si les modalités et les conditions des interventions* possibles sont très discutées.

47
GUERRE

La guerre (publique et internationale, par opposition aux guerres privées et civiles) est malheureusement le phénomène le plus ancien et le plus constant auquel le droit international doit s'affronter. Elle a longtemps été un moyen courant de régler les différends entre souverains. Il ne faut pas se leurrer sur l'évolution du vocabulaire qui tend à remiser ce terme au placard des antiquités, car les pratiques demeurent. En partie pour appréhender des formes de recours à la violence armée plus diversifiées et souvent plus lâches, on parle toutefois aujourd'hui volontiers, et à juste titre, de « conflit armé », ce qui est plus large. Il n'y a ainsi plus lieu de distinguer entre la guerre et les représailles (→ Contre-mesures).

Il reste que les réflexions doctrinales sur la guerre et les tentatives d'en juguler certains aspects ont formé au cours des siècles le laboratoire de pensée – puis, plus tardivement, des règles de droit international – le plus fécond qui soit. Ce sont bien sûr les doctrines de la « guerre juste » qui ont introduit l'idée qu'il est besoin de *justifier* le recours à la violence armée, lequel peut dès lors apparaître comme inacceptable, tout comme certains des moyens employés au cours des hostilités. Quoique détachée de son socle religieux et moral, la guerre juste n'a peut-être pas tout à fait disparu si l'on considère certaines justifications avancées par les pratiques « guerrières » des États-Unis (à titre principal mais non exclusif) à l'époque contemporaine.

Du point de vue du droit international public, si le Pacte Briand-Kellog de 1928 a prohibé la guerre, c'est la Charte des Nations Unies qui, en 1945, a condamné plus largement tout « recours à la force* ». Ce dernier est un fait illicite qui déclenche l'applicabilité d'un certain nombre de règles, notamment de droit humanitaire. L'agression* armée est considérée comme un crime* international par excellence, quel que soit le nom qu'on lui donne.

L'une des difficultés dans l'appréhension de ce phénomène aujourd'hui vient des nombreuses ingérences*, des calamiteuses interventions* dans des situations de guerres civiles (lorsqu'elles ne provoquent pas ces dernières !) ou encore des actions indirectes et obliques de certains États par diverses entités interposées (soutien de groupes terroristes, mercenariat, attaques dites « ciblées » par drones…).

48
HAUTE MER

Même si, en 1932, Gidel pouvait écrire que « la haute mer se définit par opposition à la mer territoriale », l'évolution considérable du droit de la mer a rendu cette définition insuffisante. On continue certes à la caractériser de façon négative, mais l'apparition d'espaces maritimes jadis inconnus oblige à ajouter la ZEE* et les eaux archipélagiques à la mer territoriale* dans la liste négative de ce qu'est la haute mer (CMB 1982, art. 86). Si l'on ajoute à cela l'extension des mers territoriales et des zones contiguës, la haute mer – qui représente encore 70 % des espaces maritimes – a perdu les deux tiers de la surface qu'elle couvrait avant 1982 au bénéfice d'espaces plus ou moins territorialisés, et cela sans compter le fait que le fond de la haute mer est désormais affecté au régime spécifique du patrimoine commun de l'humanité*.

Des siècles durant, le régime juridique de la haute mer a fait l'objet d'affrontements au gré des intérêts des thalassocraties dominantes entre les thèses territorialistes et celles qui défendaient la liberté de principe de cette *res communis*. Depuis lors, le régime s'est durablement stabilisé autour de quelques libertés coutumières codifiées (navigation, survol, pêche, pose de câbles et autres, CMB, art. 87), du principe de la compétence exclusive de l'État du pavillon et de quelques exceptions (droit de poursuite, de visite, piraterie*, etc.).

49
IMMUNITÉS

Le droit international ne s'est guère éloigné de l'étymologie de ce terme, qui renvoie à l'exemption, la dispense, la franchise. En effet, en considération de la souveraineté* de l'État (qui s'étend à ses organes, à certaines de ses émanations et à ses représentations diplomatiques), celui-ci se trouve affranchi de certaines règles, qu'il n'est dès lors pas possible de lui opposer (sauf s'il y a expressément consenti par un acte de renonciation). Cela résulte d'une pratique coutumière fort ancienne.

La plupart du temps, les immunités ont pour effet de faire obstacle à l'exercice de certaines de ses compétences par l'État du for : les tribunaux de ce dernier ne peuvent connaître de certains litiges (par exemple ceux qui impliquent « certaines personnes occupant un rang élevé dans l'État », CIJ 2002, *Mandat d'arrêt*) et ses autorités ne peuvent exercer des actes de contrainte sur des biens appartenant à un État étranger ou sur des comptes bancaires d'une mission diplomatique, ni à l'égard du personnel diplomatique.

À ces immunités s'ajoutent celles dont peuvent bénéficier les organisations internationales*, ainsi que celles dont jouissent leurs personnels dans l'exercice de leurs fonctions, définies par traités.

En ce qui concerne les immunités de juridiction et d'exécution de l'État étranger, on doit souligner que la pratique qui se dégage des législations et des jurisprudences internes (CIJ 2012, *Immunités juridictionnelles*) – largement codifiées par la Convention des Nations Unies de 2004 – a évolué dans le sens de leur constante réduction. Le pivot de l'immunité est l'appréciation du lien entre les actes ou les biens en cause et les prérogatives régaliennes de la personne publique étrangère (distinction des actes *de jure imperii* et *de jure gestionis*).

50
INGÉRENCE (NON-INGÉRENCE)

« S'ingérer », c'est se mêler des affaires d'autrui sans avoir de titre à le faire (que conférerait un droit ou une sollicitation expresse). C'est un mot important, car le droit international, ici protecteur de la souveraineté* de l'État, prohibe un tel comportement au travers du principe de non-ingérence. Le vocabulaire diplomatique, un peu fluctuant, mêle assez souvent cette notion avec l'intervention*, mais on peut juger préférable de réserver la notion d'ingérence à des interférences dans les affaires d'un État ne supposant pas d'opération matérielle (par exemple sur le territoire d'un autre État). Il est curieux, à cet égard, que la résolution 2625 (XXV) de l'Assemblée générale des Nations Unies, après avoir mentionné l'« intervention armée », dise condamner « aussi toute *autre forme d'ingérence* [...] contre ses éléments politiques, économiques et culturels ». Parler d'« ingérence » à propos de l'intervention armée n'est-ce pas comme évoquer l'aspect incivique d'un crime ?

Quoi qu'il en soit, c'est souvent en recherchant ce que recouvre le principe de non-ingérence que l'on parvient à se faire une idée de ce qu'est une ingérence. Se faire une idée seulement et non détourer précisément un concept nécessairement évolutif. En effet, la protection des affaires « qui relèvent essentiellement de la compétence d'un État » – pour reprendre ce que dit, à propos de l'intervention encore, la Charte des Nations Unies (art. 2 § 7) – est dans la complète dépendance du champ de sa compétence discrétionnaire. Or cette dernière fluctue en fonction des engagements qu'il prend. Ainsi, les engagements pris, par exemple en matière de droits de l'homme*, ont pour effet d'expulser un certain nombre de pratiques de l'ombre des affaires intérieures, qui cessent par là, et dans une certaine mesure, d'être l'objet d'une ingérence possible.

Si la Cour a jugé que l'appui donné par les États-Unis aux *contras* au Nicaragua est une violation du principe de non-ingérence (CIJ 1986), c'est pour d'autres motifs d'illicéité. En réalité, c'est souvent sur le terrain politique que s'échangent les protestations d'ingérence à la suite de propos ou de jugements de valeur, par exemple sur la politique ou le régime d'un État.

51
INTÉGRITÉ TERRITORIALE

Le respect dû à l'intégrité territoriale de l'État découle naturellement de sa souveraineté*. Rappelé par les dispositions de l'article 2, paragraphe 4 de la Charte des Nations Unies, il impose aux autres États une obligation de s'abstenir de tout acte ou de tout comportement de nature à porter atteinte à l'exercice par l'État territorial de ses compétences. L'inviolabilité des frontières est une des déclinaisons de l'intégrité territoriale : elle défend évidemment tout recours à la force*, toute intervention* armée impliquant un franchissement des frontières*, mais elle s'applique aussi à tout appui qui, donné de l'extérieur, tolérerait ou encouragerait un mouvement de sécession*. C'est ce que rappelle la résolution 2625 (XXV) de l'Assemblée générale des Nations Unies, qui condamne le fait pour un État d'autoriser ou d'encourager « une action, quelle qu'elle soit, qui démembrerait ou menacerait, totalement ou partiellement, l'intégrité territoriale ou l'unité politique de tout État souverain et indépendant ».

Ce principe explique en partie pourquoi le droit international, tout en finissant par emboîter le pas au processus de décolonisation, a érigé en principe la conservation des frontières coloniales (principe de l'*uti possidetis juris*). De même, certaines ingérences* peuvent méconnaître l'intégrité territoriale.

52
INTERPRÉTATION

Selon une définition très communément reçue, l'interprétation est une « opération consistant à déterminer le sens d'une règle de droit » ainsi que le résultat de ladite opération. Cette définition est pertinente pour le droit international public mais insuffisante pour au moins deux raisons.

Premièrement, elle semble désigner un mécanisme (« opération consistant à… ») qui relève en réalité de l'inconnaissable for intérieur d'un agent où se construit le sens, alors qu'en pratique seules les expressions ou les manifestations de sens peuvent être prises en compte.

Deuxièmement, elle ne tient pas suffisamment compte du tour spécifique que prend l'interprétation du droit international, où l'on n'interprète pas que des règles mais aussi des situations et des comportements et où, faute de tout formalisme, la recherche de la *signification* (force juridique) d'un énoncé prend souvent le pas sur celle de son *sens*. Aussi, par exemple, la question se pose-t-elle fréquemment de savoir si un texte peut ou non être assimilé à un traité*. Surtout, là où, en droit interne, l'attention se focalise (de façon d'ailleurs excessive) sur les interprétations de la *loi* par des *juges*, il convient d'adopter une perspective beaucoup plus large en droit international. On y retrouve – codifiés* notamment aux articles 31 à 33 de la CV69 de 1969 – un certain nombre de poncifs discutables et communs à toutes les branches du droit : un énoncé clair n'a pas besoin d'être interprété, la recherche du sens est orientée vers l'intention de l'auteur, il existe des méthodes d'interprétation permettant de la canaliser (sens ordinaire des termes, contexte, travaux préparatoires, objet et but, etc.). Reste que tout cela vient s'insérer dans un milieu où l'intervention d'un tiers impartial (juge ou arbitre) est encore plus rare qu'en droit interne. En effet, les États, au rebours des citoyens, ne renoncent qu'avec parcimonie au pouvoir d'interpréter leur propre situation au regard du droit international en le confiant à un tiers. En d'autres termes, comme l'a rappelé une célèbre sentence arbitrale de 1978, « chaque État apprécie pour lui-même sa situation juridique au regard des autres États », ce qui revient trop souvent à consacrer le droit de se faire justice à soi-même* pour faire prévaloir son interprétation.

Sans aller jusqu'à remettre en cause la juridicité même du droit international public, il est certain que les caractéristiques du milieu international dans lequel intervient l'interprétation expliquent les difficultés que rencontrent acteurs et observateurs de la pratique.

53
INTERVENTION

Malgré les flottements sémantiques observables dans les textes et en pratique, l'intervention peut être tenue pour distincte de l'ingérence*. Elle en est tout du moins une forme aggravée : un État exerce une pression, comportant ou non l'usage de la force*, destinée à imposer ses vues, sa volonté, ses intérêts à un autre État dans une affaire relevant pourtant de la seule compétence de ce dernier.

Le caractère illicite de l'intervention ainsi définie ne peut s'effacer que de deux manières : si l'État lui-même la sollicite (par exemple appel à l'aide pour réprimer un mouvement sécessionniste) ou si la question relève en réalité également de la compétence de l'État intervenant. C'est cette voie qu'avait empruntée jadis la théorie de l'intervention d'humanité – qui s'inspirait en réalité d'une vue hiérarchique de l'humanité et des peuples plus que d'une réelle humanité – et que pourrait emprunter aujourd'hui une conception par trop large de la responsabilité de protéger* ou du « devoir d'intervention ».

Dès lors que la menace ou le recours à la force sont en cause, et sauf à cautionner un impérialisme qui se dissimule mal sous des dehors humanitaires, il n'y a nul lieu de s'écarter de ce que la CIJ avait très sagement affirmé dès 1949 : « Le prétendu droit d'intervention ne peut être envisagé [...] que comme la manifestation d'une politique de force, politique qui, dans le passé, a donné lieu aux abus les plus graves et qui ne saurait, quelles que soient les déficiences présentes de l'organisation internationale, trouver aucune place dans le droit international » (*Détroit de Corfou*).

54
JUS COGENS (NORME IMPÉRATIVE)

La notion de *jus cogens* a été consacrée en droit positif par la CV69. L'article 53 de celle-ci dispose en effet que tout traité contraire à une « norme impérative du droit international général » est nul et en donne la définition suivante : « Norme acceptée et reconnue par la communauté internationale des États dans son ensemble en tant que norme à laquelle aucune dérogation n'est permise. » Il existe un consensus pour ranger dans cette catégorie supérieure l'interdiction de l'esclavage et la traite des humains, le génocide*, l'interdiction de la torture (CIJ 2012) ou l'agression*.

Si la jurisprudence internationale a fait des allusions très nettes aux normes impératives érigées en une sorte d'ordre public international, force est de constater que la sanction de nullité prévue par la Convention n'a jamais été prononcée en pratique. En premier lieu, le jeu des réserves* à cette Convention a presque complètement neutralisé la possibilité de saisine unilatérale de la CIJ. En deuxième lieu et par conséquent, la question de savoir qui pourrait prononcer pareille nullité demeure sans réponse.

D'un point de vue strictement juridique, d'autres aspects soulèvent des difficultés : quels sont les contours de la « communauté internationale* des États dans son ensemble » par laquelle les normes impératives sont reconnues comme telles ? Quel est le processus de formation du *jus cogens* étant donné qu'il ne peut sans contradiction être purement conventionnel ? Faut-il admettre que des règles de *jus cogens* sont opposables à un État qui n'y aurait pas consenti, voire se serait expressément opposé à elles ? Comment, puisqu'on ne peut y déroger, une règle de *jus cogens* pourrait-elle être modifiée « par une nouvelle norme du droit international général ayant le même caractère » comme le prévoit l'article 53 précité, etc. ?

Peut-être est-il préférable de pas adopter un point de vue trop strictement juridique sur cette question (ce qui est beaucoup demander à un juriste) et constater l'incontestable émergence de valeurs aussi universelles que rares, conduisant à rendre pratiquement impossible la *justification de leur violation*. En l'état actuel du droit international, tel est l'effet pratique du *jus cogens*.

55
JUSTICE INTERNATIONALE

Excluons prudemment de l'expression toute idée philosophique ou morale de justice et tenons-nous-en au sens institutionnel : la justice internationale désigne la mise en place d'un tiers impartial et désintéressé chargé de régler les différends* internationaux ou de juger pénalement certains individus.

En dépit de la multiplication, au cours des dernières décennies, d'instances permanentes chargées de cette fonction et d'une pratique intensive de l'arbitrage interétatique, le droit international demeure accusé pour ses carences en matière de justiciabilité. Ce reproche se fonde sur une assimilation excessive de cette dernière au « droit » ; il prend aussi sa source dans ce qui caractérise la justice internationale, qui est d'être *volontaire* lorsqu'elle opère entre États (ce qui n'est pas le cas des individus en matière de justice pénale internationale). En effet, le consentement* des États à leur soumission au juge est requis – quels que soient sa forme et le moment où il est exprimé (clause compromissoire, compromis, clause facultative de juridiction obligatoire, etc.) –, qu'il s'agisse de la mise en place d'institutions permanentes spécialisées ou non (CIJ, ORD, TIDM, etc.), de juridictions *ad hoc* ou de tribunaux arbitraux.

Le volontarisme qui imprègne la justice internationale se manifeste encore lorsque, leur consentement à la juridiction ayant été donné par avance, les défendeurs s'emploient à démontrer que l'affaire est hors du champ de la compétence concédée au juge : c'est ainsi que se multiplient les exceptions dans le contentieux international.

Ce sont les nécessités économiques et politiques qui expliquent, sans doute, que les décisions de justice internationale soient respectées dans leur très grande majorité, même s'il y a à cela quelques notables exceptions (arrêt *Nicaragua* de 1986 par exemple).

56
LÉGITIME DÉFENSE

La légitime défense – connue de tous les systèmes juridiques – est le pendant de l'interdiction du recours à l'emploi de la force*. L'article 51 de la Charte des Nations Unies consacre ce « droit naturel » (*sic*) en subordonnant son exercice (individuel ou collectif) à des conditions peu ou prou comparables à celles que l'on trouve en droit interne : réaction immédiate et proportionnée à une

« agression* armée » devant cesser dès que le Conseil de sécurité a pris des mesures.

Dans la pratique internationale depuis 1945, la légitime défense a été invoquée dans des cas qui débordent malheureusement trop souvent ce cadre restrictif. Le plus préoccupant est celui que désigne le dangereux oxymore de « légitime défense préventive » pour tenter de justifier une réponse à une prétendue menace ne pesant pas même spécifiquement sur l'intervenant : tel fut le cas des criminelles actions militaires de l'OTAN contre la Yougoslavie en 1999 et des États-Unis contre l'Irak en 2003. Il faut aussi déplorer les invocations de la légitime défense pour tenter de justifier des « réactions » tardives contre un État n'ayant commis aucune agression armée (Afghanistan, 2001), des interventions contre des entités non étatiques, des attaques contre un État en vue d'atteindre de telles entités (Syrie), des actions se poursuivant alors que le Conseil de sécurité est en position de prendre des mesures, ou au-delà de ce que ce dernier avait prescrit (Libye), etc.

Dès lors, la grande question est moins de savoir si nous avons affaire à une manifestation débridée du droit de se faire (violemment) justice à soi-même* que de déterminer si ces théories extensives sont ou non condamnées par le droit international contemporain. Comme l'a parfaitement dit la CIJ dans l'arrêt *Nicaragua* de 1986, pour cela il faut que les États « traitent eux-mêmes les comportements non conformes à la règle en question comme des violations de celle-ci et non pas comme des manifestations de la reconnaissance d'une règle nouvelle » (§ 186). L'analyse des condamnations massives de ces pratiques indique que c'est exactement le cas. Globalement, les États demeurent donc prudemment attachés à une conception restrictive de la légitime défense.

57
LIGNE DE BASE

La définition et la détermination de la ligne de base qui sépare – sauf pour les États archipélagiques – les eaux intérieures* de la mer territoriale* sont des questions qui ont des aspects assez techniques et un enjeu important puisque, donnant le point de départ du calcul de la largeur des zones maritimes, elles conditionnent l'étendue et la géométrie des espaces marins. Trouvant sa justification territoriale dans la configuration des côtes, la ligne de base ne doit en principe pas « s'écarter de façon appréciable » de leur « direction générale » (CIJ 1951, *Pêcheries*). En principe, elle suit la « laisse de basse mer » telle qu'elle apparaît sur les cartes (CMB 1982, art. 5), mais différents paramètres qu'on ne peut détailler ici peuvent introduire des corrections (hauts-fonds découvrants, récifs, installations portuaires), voire conduire à une ligne de base droite en cas d'indentation prononcée des côtes (CIJ 1951 ; CMB, art. 7) ou à englober dans les eaux intérieures une baie pour des raisons naturelles (largeur) ou historiques, ou l'embouchure d'un fleuve.

58
MER TERRITORIALE

Depuis des temps immémoriaux s'est imposée l'idée que l'État dispose de compétences étendues sur l'espace marin qui borde ses côtes. En cause : des considérations liées à sa défense militaire (portée du canon), puis à la pêche et aux douanes et plus récemment à l'environnement*. La nature et l'étendue de ces compétences sur la mer territoriale ont été des questions moins discutées que, jusqu'à une époque relativement récente, celle de la limite extérieure de celle-ci.

« La souveraineté de l'État côtier s'étend, au-delà de son territoire et de ses eaux intérieures [...] à une zone de mer adjacente désignée sous le nom de mer territoriale » (CMB 1982, art. 2). Dans cet espace maritime, l'État côtier exerce une compétence pleine et exclusive, tempérée par le principe du *libre passage inoffensif** protecteur de la navigation internationale.

Dans un arrêt de 1951, la CIJ dira : « Chaque État peut fixer l'étendue de sa mer territoriale et la manière de la compter à la condition de le faire d'une manière raisonnable, de pouvoir surveiller ladite zone, d'y remplir les obligations que le droit international lui impose, de ne pas violer les droits acquis des autres États, de ne pas nuire à l'intérêt général et de ne pas commettre d'abus de droit. » C'est la pratique, codifiée par les conventions de Genève, puis de Montego Bay de 1982, qui a fixé à la mer territoriale non une largeur imposée mais un maximum de 12 milles marins.

59
MONISME

Tout comme son opposé, le dualisme*, ce mot qualifie une certaine représentation doctrinale du droit comme système de « normes » dont on déduit les rapports entre le droit international et le droit interne* (vus comme rapports entre ordres juridiques*). N'oublions pas que de ces rapports dépend l'effectivité* du droit international dans son ensemble (→ Droit interne).

Devant beaucoup au juriste Hans Kelsen, cette doctrine expose qu'on ne saurait concevoir qu'un seul ordre juridique auquel appartiendraient et les droits nationaux, et le droit international. En posant de surcroît que tout ordre juridique suppose une « hiérarchie des normes » (laquelle permet de déterminer la validité de chacune), le monisme conduit à penser le droit international et le droit national dans un rapport hiérarchique : ainsi le premier doit-il primer le second (monisme à primauté du droit international) ou au contraire le second primer le premier (monisme à primauté du droit interne), ces deux options étant, curieusement, posées comme indifférentes d'un point de vue rationnel.

Dans cette perspective, on comprend que l'affirmation fréquente selon laquelle une Constitution (celle de la France, par exemple) serait moniste n'a pas de sens puisque c'est elle qui détermine la façon dont les rapports doivent s'organiser entre le droit national et le droit international. La formule veut en réalité désigner un droit national « ouvert », qui facilite l'application du droit international.

Il reste que la vue hiérarchique qui s'attache au monisme ne permet pas de résoudre la contradiction entre le droit international qui affirme sa primauté* et le droit constitutionnel national qui fait ou opère de même. Une vue révisée de la primauté permettrait sans doute de la surmonter.

60
NATIONALITÉ

La nationalité est le rattachement juridique d'un être ou d'une entité à un État. La détermination et la réglementation des conditions de la nationalité relèvent avant tout du droit interne dans la mesure où chaque État dispose d'une compétence exclusive en la matière.

Le droit international privé intervient notamment quand il faut tirer les conséquences de solutions nationales contradictoires ou déterminer la loi nationale applicable dans un litige entre particuliers (voir Convention de La

Haye de 1930 concernant certaines questions relatives aux conflits de lois sur la nationalité).

En droit international public, les interférences avec divers aspects de la nationalité sont nombreuses mais se concentrent sur ses effets internationaux. Par exemple, les cas de nationalités multiples entraînant des obligations contradictoires ou préjudiciables (double imposition, double service national) n'ont pu être réglés que par des traités*, de même pour une cession de territoire* ou une annexion* impliquant des changements de nationalité et mettant en place des procédures (par exemple droit d'option). Mais surtout et plus généralement, la nationalité est le pivot de l'exercice par l'État de sa compétence personnelle. Elle permet de désigner l'État qui étend sur les personnes physiques ou morales, voire sur un navire, son pouvoir de réglementation. Elle conditionne aussi l'exercice par l'État de la protection diplomatique* à l'égard de ses ressortissants.

Dans tous les cas, le droit international est censé être saisi non pas de la validité du lien de nationalité établi en droit interne, mais de sa seule opposabilité internationale ; c'est à ce niveau qu'il pose ses exigences. L'affaire *Nottebohm* montre toutefois que la distinction peut être ténue (CIJ 1955) même si, dans la mesure où la validité interne du lien de nationalité est toujours maintenue, le caractère discrétionnaire de la compétence l'est aussi. Les engagements spécifiques en sens contraire sont rarissimes (voir Convention de 1961 sur les apatrides, par laquelle les États s'engagent sous conditions à accorder leur nationalité à certaines personnes).

61
NÉGOCIATION

La négociation est avant tout un fait de communication qui jette une passerelle entre deux attitudes antinomiques qu'elle synthétise : s'entendre et s'affronter. Il est probable que plus les institutions prolifèrent dans une société, moins la place de la négociation est importante. Dans le monde international où les centres de pouvoir sont très dispersés, il est absolument impossible de s'en passer. À peu près rien ne se fait sans elle. Comme cela a été dit il y a déjà longtemps, « les négociations sont la méthode ordinaire suivant laquelle les gouvernements poursuivent leurs rapports mutuels, discutent, ajustent et règlent leurs différends » (CPJI, *Phosphates du Maroc,* 1938, Série C). Non seulement tout ce qui nécessite l'accord formel d'un État (conclusion d'un traité*, délimitation* d'un espace maritime...), mais encore la possibilité même de régler un différend appellent une négociation. L'article 33 de la Charte des Nations Unies mentionne la négociation en premier parmi les moyens de régler les différends susceptibles de menacer la paix et la sécurité internationales.

En dehors de cette dernière hypothèse et hormis les cas où cela résulte d'une disposition d'un traité qui impose la négociation (CMB, art. 283, par exemple), l'existence d'une obligation générale de négocier est discutée (SA 1957, *Lac Lanoux* ; CIJ 2018, *Obligation de négocier*). On s'interroge aussi sur son contenu, que la CIJ a tenté de préciser ainsi : « Les parties ont l'obligation de se comporter de telle manière que la négociation ait un sens, ce qui n'est pas le cas lorsque l'une d'elles insiste sur sa propre position sans envisager aucune modification » (1969, *Plateau continental de la mer du Nord*).

62
OBLIGATION

Comme dans toutes les disciplines juridiques, les obligations ont leur place en droit international, où elles désignent les devoirs entendus de façon subjective, comme ce qui lie juridiquement un sujet déterminé. Il serait évidemment vain de vouloir répertorier les obligations internationales en fonction de ce à quoi elles obligent (négocier, livrer ou juger, réparer...), mais certaines classifications sont communes avec les droits internes, notamment en raison de leur objet : obligation de faire ou de s'abstenir, obligation de moyen et de comportement (vigilance ou *due diligence*) et obligation de résultat (traitement des étrangers).

Il faut reconnaître qu'une typologie efficiente des obligations internationales est assez difficile à établir, mais certaines distinctions ou classes d'obligations sont assez généralement admises. C'est ainsi qu'on distingue selon leurs fonctions les obligations primaires et secondaires*, didactiquement utilisées dans le droit de la responsabilité internationale* ou encore selon le régime propre à certaines obligations (ainsi celles, dites « intégrales », qui excluent la réciprocité*, comme en matière de droits de l'homme* ou de droit humanitaire*).

La distinction la plus répandue est celle qui opère en fonction du nombre des sujets envers lesquels un sujet est obligé : obligation bilatérale, multilatérale, obligation à l'égard de tous (*erga omnes*). Comme l'a dit la CIJ, c'est « l'importance des droits en cause » qui explique que ces dernières soient dues « envers la communauté internationale* dans son ensemble » (1970, *Barcelona Traction*). Les exemples que l'on en donne recoupent très largement ceux que l'on trouve sous le label du *jus cogens**, auxquels la jurisprudence a ajouté le droit des peuples à disposer d'eux-mêmes*, « droit opposable *erga omnes* » (CIJ 1995, *Timor oriental*). Les conséquences concrètes s'attachant à la violation de telles obligations conservent une part de mystère commune avec le *jus cogens*.

63
OBLIGATIONS PRIMAIRES ET SECONDAIRES

Cette distinction purement didactique que l'on trouve sous la plume de Hart a été reprise par la CDI avec un sens différent dans ses travaux sur la responsabilité internationale des États*.

Les obligations primaires, quel que soit leur contenu, sont celles qui imposent aux États de faire ou de ne pas faire (garantir un standard minimum* de traitement aux étrangers, assurer le libre passage inoffensif* dans sa mer territoriale*, ne pas recourir à l'emploi de la force*...).

Les obligations secondaires sont celles qui naissent à la suite de la méconnaissance des premières (réparer un dommage*, subir des contre-mesures*...). L'appartenance de certaines obligations à l'une ou l'autre de ces catégories peut s'avérer délicate, comme pour la cessation de l'illicite ou l'indemnité juste et équitable en matière de nationalisation, par exemple. Si cette distinction est intellectuellement commode, son enjeu pratique est relativement faible.

64
OCCUPATION

Étant donné qu'on ne devrait pas dire d'un État qu'il « occupe » son territoire*, l'occupation concerne des espaces qui se trouvent hors de sa juridiction, et ce, sous deux aspects très différents. Le premier concerne l'occupation par un État d'espaces sans maîtres (*terra nullius*) ; le second, des espaces relevant de la souveraineté* d'un autre État, occupé militairement.

S'agissant du premier aspect, l'occupation peut avoir un effet d'acquisition du titre par ce dernier, qui pourra l'inclure dans son territoire (« pour acquérir la souveraineté dans une région ne se trouvant dans le domaine d'aucun État, il est indispensable d'en effectuer l'occupation au nom de l'État » – SA 1904, *Délimitation frontalière*) ; il faut pour cela que certaines conditions soient remplies, telles que l'effectivité* de l'occupation (SA 1928, *Île de Palmas*), sauf si les terres sont inhospitalières (CPJI 1933, *Groënland oriental*).

La détermination du caractère « sans maître » d'un espace n'est pas liée à une organisation politique particulière ; la présence de populations nomades suffit à l'exclure (CIJ 1975, *Sahara occidental*), ce qu'auraient bien apprécié les Indiens d'Amérique il y a quelques siècles. En revanche, on pourrait théoriquement considérer comme sans maître – et donc susceptible d'une occupation conférant un titre – un espace dont le souverain antérieur, par déréliction, « a négligé, pendant une période suffisamment longue, d'exercer son droit » (plaid. Gros, CIJ 1953, *Minquiers*). Toutefois, la protection de l'intégrité territoriale* explique le peu d'applications pratiques et la défiance à l'égard de ce que l'on appelle l'« usucapion » ou « prescription acquisitive » en ce cas.

Le titre sur un espace peut être indépendant de toute occupation (plateau continental* par exemple) ou, au contraire, l'occupation, à la supposer possible, peut ne jamais être source d'un titre territorial (espaces* internationalisés, patrimoine commun de l'humanité*).

Le second aspect renvoie à la présence de forces militaires sur le territoire d'un autre État (en cas de conflit armé par exemple). Par le passé, l'occupation militaire a souvent été utilisée comme garantie de l'exécution des traités de paix. Par ailleurs, si une occupation se déroule sans le consentement* de l'État occupé, elle est constitutive d'une violation des principes de non-intervention*, d'intégrité territoriale et de non-recours à la force*. Étant entendu que l'occupation ne modifie pas le statut du territoire occupé (elle n'entraîne pas de transfert de souveraineté*), un certain nombre de principes – notamment de droit humanitaire* – s'appliquent en ce cas (art. 2 commun aux quatre Conventions de Genève de 1949), dont celui de ne pas déporter vers la puissance occupante ou un État tiers la population civile du territoire occupé. La violation de cette obligation a donné lieu à des condamnations fréquentes d'Israël par le Conseil de sécurité et l'Assemblée générale des Nations Unies.

65
ORDRE JURIDIQUE (INTERNATIONAL)

Il n'y a pas de définition originale et propre au droit international de cette notion doctrinale qu'est l'ordre juridique. L'« ordre juridique international » est souvent utilisé et considéré comme simplement équivalent à « droit international public » pour englober l'ensemble formant système des règles, des sujets* et des institutions internationales d'une façon qui, au-delà de la logique qui l'anime, suggère un ensemble ordonné. Cette sage image s'estompe un peu si, à cet ensemble, on intègre, comme on le devrait, la somme à peu près inconnaissable des interprétations* (des règles, des pratiques, des comportements, etc.) qui s'y déploient.

L'expression a une autre fonction : fournir le pivot de la distinction entre le droit interne* et le droit international en axant la question de leurs rapports comme des rapports d'ordres hiérarchisés dans des termes et avec des difficultés qui doivent beaucoup à Kelsen et appellent à être abandonnés. La Cour de justice des communautés européennes n'a pas raisonné autrement, semble-t-il, en évoquant à propos du traité CEE un « ordre juridique propre intégré au système juridique des États membres » (CJCE 1964, *Costa c. Enel*).

66
ORGANISATION INTERNATIONALE

On peut dire de toute organisation internationale qu'il s'agit d'un groupement à vocation permanente, essentiellement composé d'États (il est parfois possible pour une organisation internationale d'être membre d'une autre organisation internationale) et constitué par eux sur la base d'une convention internationale (son traité constitutif), doté d'organes propres et disposant d'une compétence d'attribution.

La multiplication de ces sujets* dérivés du droit international que sont les organisations internationales est un phénomène marquant de l'évolution du droit international depuis le XXe siècle. D'une dizaine avant la Seconde Guerre mondiale, elles sont passées à plusieurs centaines aujourd'hui, bien plus nombreuses que les États*. En d'autres termes, les relations internationales ne sont plus des relations exclusivement interétatiques. Les États ont bel et bien perdu le monopole des affaires juridiques internationales qui fut le leur durant des siècles.

Cela étant, le quantitatif ne suffit pas à comprendre et à apprécier l'étendue du phénomène : si on a pu parler de sujets « dérivés » à propos des organisations internationales, c'est que, même lorsque l'acte constitutif ne le prévoit pas, il est possible de leur reconnaître une « large mesure de personnalité internationale » (CIJ 1949, *Réparations*). De plus, les domaines d'interventions de ces organisations se sont beaucoup diversifiés : des commissions fluviales et union administratives des débuts on est passé au maintien de la paix, à la régulation financière, aux relations scientifiques, culturelles et sanitaires en passant par la protection de l'environnement* ou la gestion des pêches, l'administration et l'exploitation du patrimoine commun de l'humanité*. Enfin et surtout, il faut compter avec les pouvoirs conférés à chaque organisation et la mesure de leur degré d'intégration : édiction (et selon quelles procédures) de règles opposables à ses membres, pouvoir de sanction*, toutes choses qui varient, naturellement, d'une organisation à l'autre.

67
PACTA SUNT SERVANDA

Il est possible que l'emploi – pas si rare – du latin en droit international contribue à suggérer (sinon à démontrer) l'enracinement d'un principe dans quelque tradition plongeant jusqu'au droit romain. Tel n'est pas vraiment le cas de l'expression *Pacta sunt servanda* (« les pactes doivent être respectés ») qui, à l'instar de certaines analyses de la bonne foi*, est moins un principe juridique qu'un transcendantal (c'est-à-dire une condition de possibilité du droit, sans laquelle on ne peut le penser).

En pratique, l'invocation dudit principe a essentiellement pour fonction de rappeler le caractère obligatoire d'un engagement et, le plus souvent, le devoir de respecter les dispositions d'un traité* (voir art. 26 de la CV69).

68
PAIX ET SÉCURITÉ INTERNATIONALES

Il n'est pas besoin de souligner l'importance de ces mots, employés ensemble dans la Charte des Nations Unies pas moins de trente et une fois, désignant le premier des buts de l'organisation énumérés à l'article 1. Pour atteindre cet horizon aussi noble et recommandable que lointain, divers mécanismes ont été mis en place au centre desquels se trouve naturellement le Conseil de sécurité. À cet organe a été conférée « la responsabilité principale du maintien de la paix et de la sécurité internationales » (art. 24), et il dispose pour cela de pouvoirs importants, y compris coercitifs et impliquant la force armée, dont la mise en œuvre dépend très largement de l'accord de ses membres permanents (→ Veto).

Parmi les nombreux aspects de la vaste question de la paix et de la sécurité internationales, il faut souligner, tout d'abord, qu'elle dépend d'une appréciation de nature politique et non juridique : le Conseil décide si un comportement ou une situation est de nature à menacer la paix et la sécurité internationales, il n'est pas juge de leur licéité ou de leur illicéité. Que, par suite, la défense de la paix et de la sécurité internationales soit sélective peut choquer mais se comprend eu égard à son mode de fonctionnement. Ensuite, en décidant des mesures qu'il convient de prendre, le Conseil dessine le périmètre mouvant de la paix et de la sécurité internationales, périmètre qui peut s'étendre jusqu'à la mise en place, par voie de résolutions du chapitre VII, de tribunaux pénaux internationaux (ex-Yougoslavie, Rwanda). Enfin, on doit rappeler que les opérations militaires de rétablissement de la paix et de la sécurité internationales autorisées par le Conseil ne sont pas menées par lui en pratique.

69
PASSAGE INOFFENSIF

Il s'agit d'un droit coutumier indispensable à la navigation internationale limitant la compétence territoriale de l'État côtier et assurant aux navires étrangers la possibilité de traverser sa mer territoriale*, sous certaines conditions propres à le faire regarder comme « inoffensif » (on trouve parfois le mot « innocent », CIJ 1949, *Détroit de Corfou*). Ce droit a notamment été codifié dans les Conventions de Genève en 1958 et de Montego Bay en 1982.

Bénéficiant à toutes catégories de navires, ce passage doit être continu et rapide et ne pas porter « atteinte à la paix, au bon ordre ou à la sécurité de l'État côtier » (CMB, art. 19). Les sous-marins sont plaisamment requis de naviguer en surface. Le droit de passage inoffensif peut être étendu à certains détroits* servant à la navigation internationale et aux eaux archipélagiques.

Dans la célèbre affaire de 1949 précitée, l'Albanie a tenté de montrer le caractère non « innocent » du passage des navires de guerre britanniques à l'aide des indices suivants : équipages aux postes de combat, volonté d'intimider, formation de combat. Toutefois, la Cour n'a pas fait droit à cette prétention, compte tenu de certains éléments et de la position axiale des canons.

70
PATRIMOINE COMMUN DE L'HUMANITÉ

Cette expression d'apparence littéraire renvoie en réalité à une innovation diplomatique sans précédent qui a conduit à mettre en place un régime juridique propre à certains espaces ou à certains biens *res communis* et qui se caractérise par la non-appropriation et l'utilisation pacifique. Les conventions qui instituent les éléments relevant du patrimoine commun de l'humanité précisent pour chacun les principes, voire les modalités de leur exploitation.

Ainsi l'Accord sur la Lune et les autres corps célestes de 1979 affecte ces derniers au patrimoine commun de l'humanité, mais se contente de poser le principe d'une exploration et d'une exploitation comme « apanage de toute l'humanité », « pour le bien et dans l'intérêt de tous les pays » et des générations présentes et futures.

Un régime beaucoup plus évolué a été mis en place par la CMB pour le fond des mers au-delà des zones de juridiction nationale, nommé « Zone » : non seulement aucun État ne peut revendiquer ou exercer de souveraineté* ou de droits souverains sur la Zone et ses ressources (art. 136), mais encore l'humanité est investie de tous les droits sur ces dernières et une gestion collective a été mise en place (partie XI de la CMB révisée par un accord de 1994). Il s'agit d'une exploitation sous la supervision de l'Autorité internationale des fonds marins par les États parties et par des personnes privées « patronnées » par eux, d'une part, et d'une exploitation directe par l'Entreprise, bras opérationnel de l'Autorité, d'autre part.

S'agissant du droit de la mer, le patrimoine commun de l'humanité n'est peut-être pas seulement une innovation ; on peut aussi le voir comme un sursaut, un pas de côté dans l'évolution qui a poussé les États côtiers à étendre de façon considérable leur emprise sur des espaces immenses.

71
PIRATERIE

Vu comme *hostis humanis generis*, le pirate a longtemps été l'exception à jambe de bois au caractère strictement interétatique du droit international public. La piraterie a été qualifiée d'« infraction au droit des gens » (CPJI 1927, *Lotus*).

Ce n'est plus ainsi que la piraterie est appréhendée par le droit international contemporain. Le terme, lui-même moins employé, désigne « tout acte illicite de violence ou de détention ou toute déprédation commis par l'équipage ou des passagers d'un navire ou d'un aéronef privé, agissant à des fins privées, et dirigé (i) contre un autre navire ou aéronef, ou contre des personnes ou des biens à leur bord, en haute mer ; (ii) contre un navire ou aéronef, des personnes ou des biens, dans un lieu ne relevant de la juridiction d'aucun État » (CMB, art. 101 *sq.*). Les navires de guerre ou affectés à un service public de tout État sont habilités à saisir un navire ou aéronef pirate (art. 107).

72
PLATEAU CONTINENTAL

Le plateau continental donne un exemple frappant du lien que paraissent entretenir la science et le droit. Issu d'une réalité géologique longtemps ignorée (un prolongement naturel du territoire sous la mer présentant certaines caractéristiques), il a été appréhendé par le droit international dès que les moyens techniques ont rendu ses richesses accessibles, puis façonné à la mesure de ces moyens et des intérêts de ceux qui les possédaient.

À partir d'une malheureuse déclaration de Truman en 1945, les fictions juridiques se sont succédé pour faire de cette extension terrestre, dont le régime serait désormais séparé de celui des eaux surjacentes, un « prolongement naturel » sur lequel la juridiction de l'État côtier s'étend comme un droit « inhérent », « *ab initio* » (CIJ 1969, *Plateau continental de la mer du Nord*). Que tout cela soit prétendument déduit d'une « nature » source de souveraineté* territoriale n'a pas empêché que soient mobilisés dans la définition des critères négociés tant en profondeur qu'en largeur (voir le très disert art. 76, CMB 1982) ainsi que, en matière de délimitations*, une utilisation de l'équité* que seuls les spécialistes parviennent à déchiffrer.

Sur cet espace, l'État côtier dispose de « droits souverains » (exclusifs) aux fins de l'exploration et de l'exploitation de ses ressources naturelles, c'est-à-dire à titre principal les ressources minérales. Les gisements de gaz et d'hydrocarbures impliquant des intérêts économiques colossaux éclairent l'ampleur des différends – pour ne pas parler des tensions – relatifs à la délimitation des plateaux continentaux à partager et la complexité des tracés lorsque ces derniers se font face ou sont adjacents. On voit alors la géographie conjuguée à l'histoire et à la géologie convoquée pour convaincre du bien-fondé des revendications des États concernés.

73
PRATIQUE

Sauf à se cantonner à de stériles commentaires de textes, aucune appréhension sérieuse du droit ne peut entièrement mépriser la pratique, comprise comme la façon dont ce même droit est interprété et appliqué. En droit international public, la pratique jouit d'une place de premier rang.

Elle est tout d'abord un élément constitutif de la coutume* – spécialement mentionnée comme telle par l'art. 38 du Statut de la CIJ –, elle-même « source* » du droit international public. De plus, l'absence de centralisation dans les mécanismes de production, d'application et d'interprétation* du droit renforce mécaniquement l'importance de la pratique. Ainsi par exemple l'art. 31 § 3 b) CV69 dispose qu'on doit tenir compte, pour interpréter un traité*, « de toute pratique ultérieurement suivie dans l'application du traité par laquelle est établi l'accord des parties à l'égard de l'interprétation du traité ».

On peut retenir une conception étroite de la notion de « pratique » internationale, suivant laquelle elle désigne la conduite des organes des sujets* de droit international (adoption d'actes internes ou internationaux, déclarations, comportements, abstentions*, etc.) ou une conception large, incluant les actes et comportements de tous les acteurs intervenant dans l'application d'une règle ou dans sa formation progressive.

La difficulté est de trouver un point d'équilibre entre une pratique qui contribue à donner aux règles leur substance et leur effectivité et une pratique qui, supplantant ou se substituant à tout énoncé légal, consacre l'empire du fait.

74
PRIMAUTÉ

On a longtemps pensé que, pour assurer l'effectivité* du droit international, il importait d'en affirmer la primauté, comprise comme une supériorité hiérarchique de ce dernier sur les droits nationaux. L'idée est tirée d'une certaine lecture de la jurisprudence de la CPJI, de la CIJ ou, pour ce qui est du droit de l'Union européenne, de la CJCE/CJUE, de la CV69 (art. 27), ainsi que d'une large pratique incluant les dispositions constitutionnelles et les jurisprudences nationales paraissant aller en ce sens. L'article 55 de la Constitution de 1958 et les deux dictionnaires consacrés au droit international public (1960 et 2001) le confortent en parlant, à propos de la primauté, d'« autorité supérieure » et de « supériorité » du droit international sur les droits nationaux.

Il est parfaitement exact de dire que la primauté est indispensable pour assurer l'effectivité du droit international, mais cela n'implique pas pour autant qu'il faille en passer par un raisonnement hiérarchique, surtout que, en dehors de formules isolées que l'on trouve çà et là, il n'existe aucun rapport de *validité* conduisant au prononcé de la nullité de l'acte interne contraire au droit international.

Il est donc plus rigoureux et plus conforme à la pratique de considérer la primauté du droit international comme un principe qui produit ses effets non sur l'existence (la validité) de l'acte interne contraire au droit international, mais sur son *applicabilité*. Elle oblige simplement mais fermement les autorités de l'État à écarter l'application de l'acte national contraire à ses obligations internationales, sauf à engager sa responsabilité internationale*.

Il en va donc un peu du droit international au regard du droit national comme d'une personne à qui l'on cède courtoisement le passage : la primauté qu'on lui accorde ne signifie pas qu'on la reconnaisse comme supérieure ; ce n'est pas dans ces termes que les choses s'agencent.

75
PRINCIPES GÉNÉRAUX

On distingue classiquement « les principes généraux reconnus par les nations civilisées » (formule surannée de l'art. 38 du Statut de la CIJ), dits « principes généraux *de* droit » et les principes généraux *du* droit international. Les premiers désignent des règles ou institutions juridiques de droit interne communes à la plupart des systèmes juridiques, jugées transposables aux relations régies par le droit international. Les seconds peuvent être tirés d'une synthèse de diverses dispositions du droit international, résulter d'une généralisation d'une règle conventionnelle ou encore d'une abstraction (le « principe » découlant des caractéristiques ou de l'esprit prêtés à un ordre juridique).

Il faut reconnaître que l'utilisation des principes généraux (en jurisprudence et en pratique) ne permet pas toujours de savoir précisément à laquelle de ces acceptions il est fait référence. Par exemple, le principe selon lequel « la violation d'un engagement entraîne l'obligation de réparer », qui est sans nul doute un principe général *de* droit car éminemment transposable dans l'ordre international, est laconiquement qualifié par la Cour de « principe de droit international » (CPJI 1927, *Usine de Chorzow*). Par exemple encore, à propos de dispositions de la Convention de 1948 sur le génocide, la CIJ a estimé qu'ils sont des « principes généraux reconnus par les nations civilisées » (1951, *Réserves*).

Utilisée de façon presque toujours supplétive, l'invocation des principes généraux permet de confirmer une obligation ou une règle existante, de renforcer une interprétation* ou encore de pallier un point jugé lacunaire.

76
PROTECTION DIPLOMATIQUE

La protection diplomatique est le mécanisme par lequel un État prend fait et cause pour l'un de ses ressortissants qui a subi un dommage du fait d'un autre État. Le traitement des étrangers *lato sensu* a été et demeure le domaine d'élection de la protection diplomatique. Dans le passé, il en a été fait un usage abusif par les puissances européennes pour protéger leurs investissements à l'étranger ; ces derniers justifiaient ainsi des actes de contrainte qui furent à l'origine de la « clause Calvo », par laquelle ils devaient renoncer à l'exercice de la protection diplomatique. Naturellement, la clause fut contestée.

Le litige, d'interne au départ, s'internationalise en raison de l'action décidée par l'État de façon totalement discrétionnaire (le ressortissant ne dispose donc pas d'un droit à cette protection). La pratique contemporaine en matière économique y a largement substitué des TBI, s'alignant par là sur le point de vue des investisseurs pour lesquels le caractère discrétionnaire de la protection diplomatique rend leurs intérêts vulnérables.

La protection diplomatique prendra la forme choisie par l'État agissant : protestation, demande de réparation* ou d'exécution, recours devant une juridiction internationale ou arbitrage…

Elle est soumise à trois conditions : lien de nationalité* avec la personne protégée, « mains propres » de cette dernière, qui doit en outre avoir épuisé les voies de recours internes. L'application de chacune de ces conditions a été discutée en pratique (notamment celle qui est relative à la nationalité : *quid* des changements de nationalité ? De l'opposabilité du lien de nationalité ? Des critères de la nationalité des sociétés ?).

De façon un peu plus théorique, on s'est aussi beaucoup interrogé sur la nature exacte de l'action en protection diplomatique : a-t-elle pour fonction de faire valoir un « droit propre » de l'État, comme l'a dit la CPJI en 1924 (*Mavrommatis*), le droit du ressortissant lésé (CIRDI, *CMX Gas*, 2003) ou les deux à la fois (CIJ 2004, *Avena*) ?

Profondément liée à la mesure de la personnalité juridique internationale de l'individu, la pratique de la protection diplomatique est appelée à se réduire avec la multiplication des voies de recours internationales offertes aux personnes physiques et morales, qui la remplacent ou l'excluent (CEDH, art. 27 Conv. CIRDI).

77

RATIFICATION

La ratification est l'acte unilatéral* émanant le plus souvent du chef de l'État et qui signifie l'engagement à être lié par les dispositions du traité* ainsi ratifié. Elle intervient par conséquent après que le texte de ce dernier a été négocié, voire signé (dans le cas où la signature ne vaut pas engagement), mais n'est jamais obligatoire, cet acte étant discrétionnaire par nature (on ne saurait contraindre un État à s'engager).

Il existe d'autres actes qui produisent le même effet que la ratification : adhésion par un État n'ayant pas participé aux négociations, approbation, notification de succession* ou signature lorsqu'elle a cet effet (cas des accords en forme simplifiée). Si les textes de droit français distinguent la ratification de l'approbation, la pratique n'est pas très claire sans que cela affecte sensiblement le droit international public. Il en va de même, de ce point de vue, de l'intervention du Parlement destinée à autoriser la ratification (qui demeure discrétionnaire même une fois cette autorisation donnée par la loi).

En dépit d'une assez faible intensité pratique, la question des « ratifications imparfaites » (irrégulières au regard du droit interne) a agité la doctrine car, d'un côté, on ne peut se prévaloir d'un défaut dans les procédures de droit interne pour justifier le non-respect du traité (CV69, art. 27) mais, d'un autre côté, on devrait tenir compte d'une violation « manifeste » d'une règle de droit interne « d'importance fondamentale », ce à quoi fait droit la CV69 (art. 46). L'argument est parfois invoqué (par exemple CIJ 2002, *Frontière terrestre et maritime...*) mais pratiquement jamais reçu.

78
RÉCIPROCITÉ

Longtemps, la réciprocité est demeurée fille de l'égalité entre États. Ces derniers, consentant à limiter l'exercice de leurs prérogatives souveraines par la conclusion de traités*, considéraient implicitement que leurs engagements étaient réciproques. Ce caractère prêté au rapport entre les obligations des parties n'a certes pas disparu puisque nombre de conventions reposent sur un équilibre des prestations, des comportements ou des traitements dus de part et d'autre.

Toutefois, il arrive que la réciprocité soit exclue expressément par une disposition du traité lui-même (par exemple art. XXXVI § 8 GATT), soit en raison de son objet (dispositions relatives à la protection de la personne humaine contenues dans des traités de caractère humanitaire – CV69, art. 60 § 5 –, ou aux droits de l'homme*), soit plus généralement par la nature intégrale ou *erga omnes* des droits en cause (*jus cogens**).

En dehors de ces hypothèses, la réciprocité peut se manifester par l'adoption de mesures destinées à en défendre le principe comme l'exception d'inexécution (CV69, art. 60) ou certaines contre-mesures* et mesures de rétorsion.

79
RECONNAISSANCE

La reconnaissance consiste à constater et accepter quelque chose (pas nécessairement l'approuver). Lorsqu'elle est imputable à un sujet* du droit international, elle a pour effet (juridique) de lui rendre opposable ce qu'il a reconnu. Elle se rapproche en ce cas du consentement* et l'on comprend qu'elle soit discrétionnaire. Elle n'est soumise à aucune forme particulière, peut être expresse ou implicite (par exemple l'établissement de relations diplomatiques implique reconnaissance de la qualité d'État*) et obéit à des motivations essentiellement politiques. Ces dernières éclairent le caractère tantôt tardif, tantôt prématuré de certaines reconnaissances (qui demeurent en principe licites), de même que les reconnaissances de mouvements insurrectionnels visant à renverser le pouvoir légal ou d'une faction contre une autre dans une guerre civile (ce qui peut constituer une ingérence* illicite).

La diversité des objets de reconnaissance est remarquable (de belligérance, de responsabilité, d'indépendance, de neutralité, de gouvernement, d'une règle, d'un État...), et il n'est pas utile d'en dresser la liste dès lors que le même mécanisme est en cause. Un débat de grande ampleur existe sur le caractère déclaratif ou constitutif de la reconnaissance d'État, certains se demandant même s'il ne faudrait pas y voir un élément constitutif de l'État*.

Une notable exception au caractère discrétionnaire de la reconnaissance a été introduite à l'article 41 du projet d'articles sur la responsabilité internationale* des États qui impose à ceux-ci de *ne pas reconnaître* comme licite une situation créée par une violation grave découlant de normes de *jus cogens**, ni prêter aide ou assistance au maintien de cette situation. La CEDH avait déjà invité les États membres à ne pas reconnaître la République turque de Chypre du Nord (*Loizidou*, 1996), créée à la suite de l'invasion turque. De même la résolution 662 (1990) du Conseil de sécurité a enjoint de ne pas reconnaître l'annexion du Koweït par l'Irak. Mais il faut admettre que dans la plupart des situations (Israël et Palestine, par exemple) cette obligation reste lettre morte.

80
RÈGLEMENT DES DIFFÉRENDS

Les relations internationales sont largement tissées de compétition et de concurrence (voire de conflits) et engendrent naturellement une multiplicité de différends*. En raison du caractère entièrement volontaire de la soumission des États à la justice internationale* (*lato sensu*), la question du règlement des différends est essentielle. C'est, à vrai dire, la pierre angulaire du droit international public.

La guerre et les représailles, ou plus largement le recours à l'emploi de la force*, ont longtemps été des moyens courants de régler les différends. Désormais exclus par la Charte des Nations Unies (art. 2 § 4), il faut considérer, à l'instar de son chapitre VI, que l'on parle nécessairement du règlement *pacifique* des différends.

Ce que recouvre ce dernier est suggéré par l'article 33 de la Charte à propos des différends « dont la prolongation est susceptible de menacer le maintien de la paix et de la sécurité internationales » et qui énumère les procédés de règlements par les parties elles-mêmes ou par un tiers, laissant toute liberté aux États d'« en rechercher la solution [...] par voie de négociation, d'enquête, de médiation, de conciliation, d'arbitrage, de règlement judiciaire, de recours aux organisations ou accords régionaux, ou par d'autres moyens pacifiques de leur choix ». Le grand succès pratique de ces procédés n'empêche pas de constater qu'il est souvent inversement proportionnel au poids politique des différends en cause.

S'agissant de différends dont on saurait (de science certaine) qu'ils ne sont pas susceptibles de menacer la paix et la sécurité internationales, on peut se demander si les États ont vraiment l'*obligation* de les régler et si l'on peut précisément déterminer dans quelle mesure cette obligation a été respectée dans un cas donné. Reste que, la plupart du temps, les différends se règlent parce que les parties ont tout simplement intérêt à ce qu'ils le soient.

81
RÉPARATIONS

Aux termes de l'article 31 du texte de la CDI sur la responsabilité internationale* de l'État, « l'État responsable est tenu de réparer intégralement le préjudice causé par le fait internationalement illicite ». Tel est l'objet de l'obligation (parfois qualifiée de « secondaire* ») découlant de la responsabilité dont le principe n'est discuté par personne.

Les formes de réparation sont variées, ce qui peut résulter de l'objet de l'obligation violée ou des caractères pris par l'acte illicite. Si le principe posé par la CPJI dès 1927 est que « la réparation doit, autant que possible, effacer toutes les conséquences de l'acte illicite et rétablir l'état qui aurait vraisemblablement existé si ledit acte n'avait pas été commis » (*Usine de Chorzow*), cette *restitutio in integrum* n'est pas toujours possible. En effet, soit l'acte ou le comportement illicite a produit des effets matériellement irréversibles (destruction d'un bien), soit il se heurte à des difficultés juridiques (s'il s'agit d'annuler un acte interne ; voir CIJ 2019, *Jadhav*). Dès lors, les réparations prennent le plus souvent la forme d'indemnisations.

Il faut souligner la place importante occupée par la *satisfaction* en droit international, réparation qui « peut consister en une reconnaissance de la violation, une expression de regrets, des excuses formelles ou toute autre modalité appropriée » (CDI, art. 37). Elle est souvent réclamée pour réparer un dommage* moral, mais c'est loin d'être toujours le cas, car elle l'est aussi pour des dommages matériels et humains, même graves (voir CIJ 1959, *Incident aérien de 1955*, et plus récemment à propos de Srebrenica, CIJ 2007, *Application de la convention*).

82
REPRÉSAILLES

Si l'on fait abstraction de pratiques anciennes telles que celle des lettres de marque permettant à une personne privée lésée de se faire justice à elle-même en territoire étranger sur autorisation de son souverain, l'époque moderne a spécialisé les représailles aux mesures adoptées par un État en réaction à un fait illicite commis par un autre État lui ayant causé un préjudice. Là où elles pouvaient parfaitement prendre une forme armée, le droit positif contemporain et l'interdiction du recours à la force* en a restreint l'usage aux représailles pacifiques, désormais appelées « contre-mesures* ».

Sans inclure dans cette catégorie les mesures de rétorsion (licites par hypothèse) et dans la mesure où les représailles sont des actes « de propre justice de l'État lésé », comme l'a dit (à propos de représailles armées) une sentence (SA 1928, *Naulilaa*), elles relèvent du droit de se faire justice à soi-même* et sont justiciables des mêmes analyses que les contre-mesures.

83
RÉSERVE

La réserve est un acte unilatéral* qui manifeste le volontarisme de l'État au cœur du processus par lequel il s'engage par traité*. Par cet acte intervenant au moment de la ratification* d'un traité multilatéral, il marque sa volonté d'écarter certaines dispositions de ce dernier ou de livrer par avance l'interprétation* qu'il leur donne. On parle souvent dans ce dernier cas de « réserves interprétatives », mais il faut convenir qu'elles se distinguent peu des premières, les unes comme les autres entendant modifier *ex ante* la géométrie du traité. La prolifération des réserves dans la pratique s'explique bien souvent par le fait que, grâce à elles, l'État espère obtenir ce que la négociation* ne lui a pas apporté. La réserve soulève d'intéressantes questions techniques (le volumineux *Guide de la pratique des réserves* de la CDI en témoigne).

On laisse de côté la question de l'effet des réserves, codifiée aux articles 19 et suivants de la CV69 (reposant sur le triple paramètre de l'objet de la réserve, des dispositions du traité en cause et de l'attitude des autres parties), car elle rejoint ce qui peut être dit des actes unilatéraux en général, à ceci près qu'une objection aggravée à une réserve fait obstacle à tout lien conventionnel avec l'État réservataire.

L'admissibilité même des réserves appelle des précisions. Si un traité réglemente lui-même l'usage des réserves (en les interdisant, en ne les admettant que de façon limitée ou en les autorisant), seules se poseront, le cas échéant, des questions d'interprétation de ces dispositions (SA 1977, *Mer d'Iroise*). Si le traité est muet, il faudra convaincre que la réserve est compatible avec l'objet et le but du traité (CIJ 1951, *Réserves à la Convention*) ou, si un juge international est en position de le faire, se prononcer sur la validité de la réserve (CEDH 1998, *Belilos*).

84
RÉSOLUTION (DE L'ASSEMBLÉE GÉNÉRALE DES NATIONS UNIES)

En droit international, une résolution est un texte qui, pour être adopté par un organe collectif, n'en est pas moins un acte unilatéral*. Il s'agit en réalité d'un terme générique qui, pas plus que celui de « recommandation » le plus souvent employé par les actes constitutifs des organisations internationales*, ne donne *à lui seul* d'indication sur sa valeur juridique. Ainsi, pour ne prendre que l'exemple de l'ONU, les textes adoptés par l'Assemblée générale nommés « recommandations » (art. 10) s'intitulent eux-mêmes « résolutions » ; de même sous les « résolutions » adoptées par le Conseil de sécurité se trouvent les recommandations prévues par la Charte et les « décisions ». Lorsque le traité est muet sur ce point, la détermination de la valeur juridique des résolutions peut s'avérer délicate.

L'enjeu de la question peut prendre des dimensions considérables dans la mesure où les résolutions sont adoptées suivant une procédure majoritaire : dès lors que rien, dans la charte constitutive de l'organisation, ne prévoit expressément qu'elles s'imposent à la minorité, c'est la question du consentement* et de la souveraineté* des États membres qui est en cause. C'est la raison pour laquelle les pays en voie de développement ont milité en faveur de la reconnaissance de la valeur juridique des résolutions de l'Assemblée générale, où ils disposaient de la majorité pour les faire adopter dans un sens conforme à leurs intérêts.

D'un point de vue technique, il semble que la seule façon efficace de donner effet à ces résolutions soit d'opérer un détour par la coutume* internationale, en démontrant qu'elles en réalisent une codification*. C'est alors de la confrontation entre les énoncés de la résolution et l'état de la pratique effective que dépendra la solution. Sous cet angle, même si elles le doivent plus à l'effectivité des principes qu'elles énoncent qu'à l'acte qui les porte, un certain nombre de résolutions de l'Assemblée générale ont incontestablement une valeur juridique. On peut citer, à titre d'exemple, la résolution 217 (III) dite « Déclaration universelle des droits de l'homme », la résolution 2625 (XXV) dite « Déclaration relative aux principes du droit international touchant les relations amicales et la coopération entre les États conformément à la Charte des Nations Unies », pour une bonne part, la résolution 3314 (XXIX) portant définition de l'agression* ; de longs débats en matière de nationalisation ont opposé les tenants de la résolution 1803 (XVII) sur la souveraineté permanente sur les ressources naturelles, plus protectrice des intérêts des États investisseurs, et ceux de la résolution 3281 (XXIX) portant Charte des droits et devoirs économiques des États, faisant place aux aspirations des États en voie de développement (voir SA 1977, *Texaco Calasiatic*).

85
RESPONSABILITÉ DE PROTÉGER

D'apparition relativement récente (CIISE, 2001), cette expression d'origine doctrinale vise à promouvoir des « exceptions limitées » à la règle de non-intervention*, lorsqu'une violence est manifestement si « attentatoire à la conscience de l'humanité » que la situation exige, au pire, une « intervention coercitive d'ordre militaire ». Toutefois, c'est le Conseil de sécurité que la commission précitée désignait pour la question centrale de savoir *qui* décide que ces critères sont ou non réunis, de sorte que l'on demeurait dans l'orbe classique du non-recours à l'emploi de la force*.

Depuis lors, l'expression a fait son chemin, notamment chez ceux qui – animés des meilleures intentions sans doute – ont souhaité en faire une exception non-écrite au principe du non-recours à la force en admettant la mise en œuvre unilatérale de la responsabilité de protéger, sans mandat du Conseil de sécurité.

Toutefois, les discussions au sein des Nations Unies indiquent de profondes réticences à l'égard de cette dangereuse promotion d'un unilatéralisme favorable aux puissants, que ne tempérerait nullement une action même concertée menée en dehors des Nations Unies. Il est d'ailleurs révélateur que les actions les plus contestables (bombardement de l'OTAN sur la Serbie en 1999, intervention en Libye en 2011 par-delà l'autorisation du Conseil de sécurité, etc.) ont cherché à puiser leurs justifications ailleurs que dans la responsabilité de protéger.

86
RESPONSABILITÉ INTERNATIONALE DE L'ÉTAT

Il ne fait aucun doute que, sans système de responsabilité organisant les conséquences de la violation des règles posées dans un ordre juridique donné, ce dernier serait purement verbal. Mesuré à cette aune, le droit international, qui a développé un système de responsabilité ancien et complet, ne l'est certes pas. On y trouve bien un ensemble de règles – parfois dites « secondaires* » – relatives aux conséquences d'un fait internationalement illicite ou dommageable.

Il est vrai qu'existent des conceptions plus ou moins larges de la responsabilité internationale : d'un côté, le modèle traditionnel largement dominant, de type civil, dont la fonction est – par la réparation* du dommage* – de restaurer entre des États une égalité* rompue par le fait illicite et, de l'autre côté, un modèle plus proche d'un système de garantie de la légalité internationale consacrant l'idée de crime* de l'État, s'attachant aux conséquences des violations graves d'obligations découlant de normes impératives du droit international général (CDI 2001).

En pratique, la mise en cause de la responsabilité d'un État est avant tout subordonnée à l'existence d'un fait générateur, c'est-à-dire à la violation d'une obligation internationale qui soit imputable à un *État* donné. Cette imputation peut soulever des difficultés pratiques (détermination de ce qu'est un « organe » de l'État, faits de particuliers...). Elle implique aussi un dommage qui donne la mesure de ce qui est dû et les modalités de sa réparation ; elle demande que l'on considère enfin, le cas échéant, l'existence de circonstances excluant l'illicéité modifiant le jeu normal de la responsabilité (force majeure, contre-mesures*, consentement*, etc.). C'est du moins ce qui résulte d'une conception large de la responsabilité entendue comme l'ensemble des relations juridiques naissant d'un fait internationalement illicite.

87
RESSOURCES NATURELLES

Disposant d'une compétence exclusive sur son territoire*, l'État est censé avoir la maîtrise des ressources naturelles qui s'y trouvent et composent une part essentielle de la richesse de son patrimoine. Mais la conjugaison de l'histoire et de la géographie a abouti à une répartition inégale de ces ressources dont la valeur et l'importance sont extrêmement variables. Il en résulte que les ressources naturelles détenues par un État sont une source de convoitise de la part de ceux qui sont moins bien pourvus, ce qu'attise la dépendance des économies de la plupart des pays vis-à-vis de certaines (minerais de terres rares ou hydrocarbures par exemple).

Aussi certains États en développement ont-ils tenu à renforcer leur souveraineté* sur ces ressources en la proclamant « permanente ». Par là, ils espéraient que leurs engagements ne pourraient conduire à l'abandon de l'ultime maîtrise sur leurs ressources à des États ou à des investisseurs étrangers. Cela fut, un temps, au fondement d'un mouvement de nationalisations que le droit international a soumis à des exigences notamment en matière d'indemnisation juste et équitable, en partie contestées par les pays détenteurs de ces ressources : voir résolution 1803 (XVII) *versus* résolution 3281 (XXIX). La première rappelait déjà que « le droit de souveraineté permanente des peuples et des nations sur leurs richesses et leurs ressources naturelles doit s'exercer dans l'intérêt du développement national et du bien-être de la population de l'État intéressé ». Au vu du pillage auquel se livrent certaines grandes puissances, notamment en Afrique, on ne peut pas dire que l'évolution du droit international économique et la protection des investisseurs étrangers par les TBI ait abondé dans ce sens.

Mais ce n'est pas là tout ce que le droit international a à dire à ce sujet puisque certains bassins de ressources naturelles (terrestres ou maritimes) dites « partagées » se trouvent à cheval sur des zones relevant de la juridiction de plusieurs États. Outre les très nombreuses questions de délimitation*, il peut en résulter la mise en place d'accords sur la gestion partagée des ressources ou l'environnement.

88
SANCTIONS

Selon la conception que l'on se fait des sanctions – qui interviennent en principe à la suite de la violation d'une obligation –, on déplore tantôt leur rareté en droit international (défaut de justiciabilité internationale), tantôt leur multiplication anarchique (permanence du droit de se faire justice à soi-même*). Il est possible et sans doute souhaitable de réserver le terme « sanction » aux mesures prises par une organisation internationale* lorsque celle-ci a reçu de son acte constitutif compétence pour les prendre à l'égard de ses États membres et de réserver l'expression « contre-mesures* » aux pratiques unilatérales de réaction à l'illicite. Ces dernières sont malheureusement de plus en plus nombreuses dans la pratique récente et il est révélateur que le vocabulaire courant les désigne sous le vocable agressif de « sanctions ».

Dans le cadre d'une organisation, l'éventail des sanctions est défini par le traité constitutif ; il peut être large (art. 94 § 2 de la Charte des Nations Unies) ou très précisément encadré : mesures de privation de droits ou de qualité contre un membre (suspension du droit de vote ou de représentation, exclusion), mesures économiques ou pécuniaires (art. 101-103 du TFUE), le tout selon des procédures extrêmement variables qui, parfois, rendent très difficiles leur adoption (art. 7 § 2 du TUE).

En pratique, si l'on exclut les mesures prises par le Conseil de sécurité dans le cadre du maintien de la paix et de la sécurité internationales*, l'adoption de sanctions par l'organisation à l'égard d'un État membre est assez rare (un seul cas pour l'OIT, par exemple). Il y a d'ailleurs là une raison de plus de douter que la définition du droit par la sanction soit la meilleure possible.

89
SÉCESSION

La sécession est l'opération par laquelle une partie du territoire* d'un État se sépare de ce dernier – qui ne disparaît pas – pour former un nouvel État ou s'unir à un autre. De ce strict point de vue, elle ne se distingue pas de l'exercice du droit des peuples à disposer d'eux-mêmes* lorsque la séparation d'avec l'ancienne métropole aboutit à ces solutions. Toutefois, ce dernier cas est historiquement épuisé ou en voie d'épuisement.

Hors l'hypothèse de la décolonisation, la sécession heurte de front l'intégrité territoriale de l'État ; elle part d'un mouvement et d'une impulsion en principe internes à l'égard desquels le droit international se dit indifférent, puisque les débats, voire les luttes précédant la sécession relèvent des affaires internes de l'État, censément protégées par le principe de non-ingérence*.

C'est pour cela qu'a prévalu la plupart du temps la logique du constat factuel de l'échec (Cachemire et Inde, Biafra et Nigéria, etc.) ou du succès (Panama issu de la sécession d'avec la Colombie, Bangladesh issu de la sécession d'avec le Pakistan, etc.) des tentatives sécessionnistes. Il faut convenir que, dans ces affaires, l'appui – quand ce n'est pas davantage – de puissances extérieures n'est pas pour rien dans la répartition entre échec et succès.

Le « droit à la sécession » – qui serait un paralogisme – n'existe donc pas en droit international. La plus grande confusion a résulté de récentes invocations d'un droit à la sécession hors situation coloniale : les protagonistes ont dû convoquer malgré cela le droit des peuples à disposer d'eux-mêmes contre l'intégrité territoriale et inversement. Ainsi la sécession de la Crimée a été jugée illégale, alors que ses habitants l'appelaient de leurs vœux cependant qu'il a fallu que l'on entreprenne une guerre pour permettre la sécession du Kosovo parce que ses habitants l'appelaient de leurs vœux.

90
SOURCES

On s'accorde généralement à voir dans l'expression « sources du droit international » une métaphore de la fabrication des règles juridiques. Il reste qu'elle est imprécise, voire trompeuse. C'est quand on vise les sources « matérielles », quand elle équivaut à « origine », que son utilisation est la moins ambiguë (mais c'est aussi la moins fréquente) : en ce sens, les faits sociaux, la guerre, l'impérialisme, la concurrence économique et la course aux espaces et aux ressources, la colonisation et la décolonisation, etc., ont incontestablement orienté la substance du droit international, en ont été la « source »...

Beaucoup plus fréquemment, on file la métaphore en parlant de « sources formelles ». L'article 38 du Statut de la CIJ est alors appelé en renfort, quoiqu'il se contente d'énumérer ce que la Cour peut appliquer dans sa mission juridictionnelle (traité*, coutume*, principes généraux* de droit, doctrine des publicistes). L'inconvénient parfois souligné est alors de ne pas distinguer les procédés de « création du droit » (description d'un processus de « fabrication ») et les règles qui en résultent, contenues dans un acte ou, pour ce qui est de la coutume, dans une série d'actes et de comportements.

Enfin, l'expression « sources du droit » révèle une assimilation excessive du « droit » aux textes, ainsi qu'à ces autres textes que sont les formulations jurisprudentielles de la coutume : elle n'inclut pratiquement jamais cette « source du droit » incomparablement plus importante en pratique qu'est l'interprétation*.

91
SOUVERAINETÉ

La souveraineté devrait figurer même sur une liste de dix mots du droit international. Son destin y est moins maudit que dans les débats internes où il côtoie bien souvent la figure assombrie du « souverainiste » dans des polémiques mal éclairées. La raison en est simple : la structure même du droit international tout comme sa nécessité historique reposent sur le couple formé par la souveraineté et l'égalité caractérisant l'État* dans ses relations avec ses pairs.

Si la souveraineté est bien centrale (l'art. 2 § 1 de la Charte des Nations Unies dit reposer sur elle), cela n'empêche pas les difficultés. Depuis Bodin, elle est assimilée à la situation dans laquelle se trouve un être ou une entité qui n'a point de supérieur, qui ne souffre pas la soumission. Dès lors, il faut bien expliquer comment il est possible que les États souverains soient soumis au droit international à peine de se résigner à rejeter ce dernier dans le monde des chimères.

Certains ont cru voir une solution dans une formule de la célèbre sentence de 1928 (*Île de Palmas*) selon laquelle la souveraineté, dans l'ordre international, signifie l'indépendance. Mais la substitution d'un terme à un autre ne résout pas la question de savoir comment le droit international peut s'imposer à des entités auxquelles rien n'est censé s'imposer.

La CPJI a indiqué une voie en disant que « la faculté de contracter des engagements internationaux est [...] un attribut de la souveraineté de l'État » (1923, *Vapeur « Wimbledon »*). De là est venue l'idée (un peu trop) simple selon laquelle l'antinomie entre droit et souveraineté est surmontée par le consentement*, lequel manifeste l'exercice même de la souveraineté.

Même sans approfondir ce point, il reste à savoir si, dans l'exercice de sa souveraineté, l'État peut en arriver à remettre en cause son existence, ainsi que le soutenait Anzilotti (opinion, CPJI 1931). La question n'est pas abstraite : c'est en exerçant leur souveraineté que les États réalisent les unions d'États, créent des organisations internationales* intégrées, opèrent des transferts de compétence dans des matières éminemment régaliennes. Disposent-ils toujours de leur *Kompetenz-Kompetenz*, cette ultime maîtrise du souverain, ou bien l'irrévocabilité (juridique/politique/pratique) des transferts peut-elle vider la souveraineté de son contenu ?

La réponse est incertaine, d'autant que la souveraineté est instrumentalisée tantôt comme principe à respecter, tantôt comme obstacle à abattre.

92
STANDARD INTERNATIONAL MINIMUM DE TRAITEMENT

Traditionnellement, cette règle de droit international public impose aux États le respect d'un certain nombre de droits et de garanties pour les étrangers et leurs biens se trouvant sous leur juridiction. Par le passé, sa violation (mesures de confiscation ou de nationalisation, discriminations) a été la source d'actions en protection diplomatique*, voire d'interventions* d'autant plus abusives de la part des États puissants que le contenu de ce « standard » est – par hypothèse – imprécis.

Sous l'influence de deux facteurs au moins, la notion a évolué et, sans disparaître, a perdu de son importance. S'agissant des personnes physiques, la protection de leurs droits jugés les plus fondamentaux est largement couverte par les instruments internationaux relatifs aux droits de l'homme*.

Pour ce qui est des biens appartenant aux étrangers (personnes physiques aussi, mais surtout morales), le développement du droit international économique, et plus spécifiquement de la protection internationale des investissements, a repris et développé un certain nombre de principes, tel que le « traitement juste et équitable » (dont la question de savoir s'il est une traduction du standard minimum est d'ailleurs discutée). L'échec du multilatéralisme et l'extraordinaire efflorescence de TBI – en principe favorables à la protection des intérêts des investisseurs mais hétérogènes – rendent difficile de se faire une idée de ce qui est juste et équitable. En conséquence, ce sont les instances arbitrales auxquelles renvoient ces TBI qui, court-circuitant les juridictions étatiques et statuant la plupart du temps sur la base du TBI (et non du contrat d'État*), diront si un traitement est juste et équitable.

93
SUCCESSION D'ÉTATS

Avec l'idée de « succession d'États », il apparaît que l'État est bel et bien une entité mouvante, évolutive, ce qui ne va pas sans conséquences. L'expression désigne – comme le dit la Convention de Vienne de 1978 sur le sujet – l'hypothèse dans laquelle un État (et non un gouvernement) se substitue à un autre dans la responsabilité de la conduite des affaires extérieures. Véritable rupture dans la vie de l'État, c'est « l'une des manières dont la souveraineté territoriale se transmet d'un État à un autre » (CIJ 1992, *Différend frontalier*).

Lorsque se présente une succession d'États (comme à la suite de l'éclatement de la Yougoslavie), on se demande si les traités qui avaient été conclus par l'État prédécesseur sont opposables à l'État successeur. La stabilité des engagements et le souhait des autres États cocontractants le commandent, mais la souveraineté* du nouvel État s'oppose au contraire à l'automaticité. Si la Convention de 1978 a opté pour la « table rase », exception faite des traités territoriaux, la pratique indique plutôt une approche souple par laquelle l'État successeur fait part des traités auxquels il entend succéder ; cela est négocié au cas par cas.

Au demeurant, la succession suppose de régler une série de questions très concrètes : condition des particuliers (questions de nationalités), droits acquis, succession au domaine public, statut de membre d'une organisation internationale*, transfert des archives, et le problème toujours épineux de la succession aux dettes publiques, complexe quand l'État prédécesseur est démembré, donnant naissance à plusieurs successeurs, car il faut déterminer les parts de dette de chacun de ces derniers.

94
SUJET (DE DROIT INTERNATIONAL)

Les sujets de droit international peuplent l'ordre juridique international*. L'expression renvoie à une entité reconnue par ce dernier comme jouissant d'une personnalité, c'est-à-dire de l'aptitude à être titulaire de droits et d'obligations. Cela exclut toutes sortes de réalités sociologiques non reconnues comme sujet mais seulement, le cas échéant, comme objet des règles de droit international.

Quoique la qualité de sujet n'ait jamais été mise en question pour l'État, on s'est interrogé sur la personnalité juridique (« dérivée » puisque créée par les États) d'autres entités. En tout premier lieu, lorsqu'elle n'a pas été inscrite dans leur acte constitutif, les organisations internationales*, comme ce fut le cas pour l'ONU, auquel un célèbre avis de la CIJ apporta une réponse sans équivoque : pour pouvoir assumer les missions qui lui sont confiées, l'organisation doit posséder « une large mesure » de personnalité internationale (CIJ 1949, *Réparations*).

Certains mécanismes de protection internationale des droits de l'homme* ont mis en place non seulement des droits bénéficiant directement aux individus, mais aussi des voies de recours leur permettant de les faire valoir : dans cette mesure, mais aussi dans ces limites, ils ont été érigés en sujets du droit international. C'est d'ailleurs en partie pour répondre au fait qu'ils n'avaient pas la qualité de sujets que le mécanisme de la protection diplomatique* permettait la protection des nationaux. La face passive de la personnalité de ces derniers est aussi (partiellement) reconnue dans la mise en place d'une responsabilité pénale individuelle que développe le droit international pénal*.

La question est débattue de savoir dans quelle mesure les TBI ou certains contrats d'État* impliquent la reconnaissance de la qualité (toujours partielle) de sujet du droit international à des personnes morales de droit interne.

95
TERRITOIRE

On dit du territoire qu'il est l'élément « matériel » compris dans le concept d'État* au sens du droit international, ce qui n'est pas faux si l'on songe que ce terme renvoie à des espaces réels, mais n'est pas très rigoureux non plus. En effet, le territoire est avant tout la qualification donnée à un espace dans lequel l'État exerce une compétence qui a la caractéristique d'être pleine et exclusive. C'est cette dernière qui permet de parler de territoire, non le contraire.

Ainsi défini, on comprend que le territoire, séparé des autres espaces par des frontières* matérielles ou immatérielles, inclut naturellement les éléments terrestres (y compris le plateau continental*), mais aussi les fleuves, lacs, ports, eaux intérieures*, mer territoriale* ou espace* aérien surjacent (ce qui est moins intuitif).

Si l'on a parlé d'« obsession du territoire » en assez mauvais termes, il faut comprendre qu'elle est liée aux prérogatives essentielles de la souveraineté* : compétence pour édicter et assurer l'exécution des règles qui s'appliquent sur le territoire, pour organiser la vie des populations qui y séjournent, de contrôler les flux humains et matériels avec l'extérieur. Le droit international protège tout cela en imposant le respect de l'intégrité territoriale (Charte des Nations Unies, art. 2 § 4). Il n'a aucune exigence, en revanche, quant à la dimension du territoire (micro-États) ou sa continuité physique (États archipélagiques).

Il faut enfin préciser cette limite importante qui veut que, sauf à engager la responsabilité internationale de l'État*, le territoire ne puisse faire l'objet d'utilisations dommageables pour les autres États. Conséquence du contrôle présumé exercé par l'État territorial (*due diligence* ; → Obligation), ce dernier ne saurait, par exemple, encourager ni tolérer sur son territoire la présence ou l'entraînement de groupes hostiles à un autre État ou des activités polluantes transfrontières.

96
TERRORISME INTERNATIONAL

Du point de vue du droit international, le terrorisme est avant tout l'objet d'une réglementation destinée à faciliter sa répression. Il vise « les actes, méthodes et pratiques » qui « violent gravement les buts et principes des Nations Unies et peuvent constituer une menace pour la paix et la sécurité internationales, compromettre les relations amicales entre les États, entraver la coopération internationale et viser à l'anéantissement des droits de l'homme, des libertés fondamentales et des bases démocratiques de la société » (A/RES/49/60).

De nombreuses conventions en répriment des formes particulières : attentats contre des représentants d'États étrangers, prises d'otages, détournement d'avions et attentats contre la population civile, etc. La Convention européenne pour la répression du terrorisme de 1977 (très peu ratifiée) propose de ne jamais considérer comme politique une infraction de nature terroriste, de sorte à faciliter l'extradition* de son auteur.

En principe est condamné le recours à la terreur et à l'intimidation, indépendamment de l'auteur des infractions (« tous les actes, méthodes et pratiques terroristes, où qu'ils se produisent et *quels qu'en soient les auteurs* », Résolution 49/60 précitée ; nous soulignons). Malgré cela, sur ce dernier point, c'est la préoccupation d'actes individuels qui domine et, le cas échéant, celle de la participation indirecte d'un État (par exemple en tolérant la préparation de tels actes sur son territoire*). Tout en correspondant parfaitement à la définition du terrorisme, les « guerres contre le terrorisme » entreprises par les États-Unis en 1981 et au début des années 2000 ont donné l'exemple d'un terrorisme d'État incomparablement plus ravageur mais jamais officiellement qualifié de tel.

97
TRAITÉ

Placé depuis toujours à côté de la coutume* au cœur des processus par lesquels les États (ou les organisations internationales*) se trouvent engagés, le traité – souvent comparé à un contrat entre sujets de droit international* – est défini comme un « accord international conclu par écrit » (CV69, art. 2). Si la libre volonté des États s'étend sur toutes les étapes du processus qui conduit à l'élaboration et à l'adoption du texte ainsi qu'au moment où ils exprimeront leur consentement* (par exemple par la ratification*, le cas échéant assortie de réserves*), elle s'arrête à ce seuil (car *pacta sunt servanda**). Le respect des dispositions du texte devenu acte juridique s'impose aux parties (et en principe à elles seulement en raison de l'effet relatif des traités) qui peuvent être deux (traités bilatéraux) ou davantage (traités multilatéraux).

C'est dire que les motifs permettant par exception de se dégager temporairement ou définitivement du traité (exception d'inexécution, dénonciation, changement fondamental de circonstances ou autres) sont restrictivement entendus et ne sauraient être mis en œuvre unilatéralement. Par ailleurs, l'invocation de motifs *d'invalidité* des traités (contrainte, dol, erreur, *jus cogens**, par exemple) est rare et ne donne pratiquement jamais lieu à leur annulation.

L'effet juridique des traités se déploie non pas uniquement sur la scène internationale, mais aussi dans le droit interne*, dans des proportions variables selon leur objet et en fonction des dispositions des droits nationaux.

Quoique les objets des traités soient infiniment variés (du traité de libre-échange à l'acte constitutif d'une organisation internationale en passant par une convention d'extradition*), ou peut-être à cause de cela, des « classes » de traités ont été proposées en doctrine. La plus pertinente est sans doute celle – consacrée en droit positif – qui passe par la considération de la réciprocité* caractérisant ou non les obligations qu'ils contiennent (CV69, art. 60 § 5).

Combinant savamment l'attachement à la liberté souveraine et le désir de soumission à des règles, le traité est emblématique de l'esprit du droit international public.

98
UTI POSSIDETIS JURIS

Derrière cette expression latine (« ce qui était possédé est possédé de droit ») se dissimule un souci de paix et de stabilité. Elle renvoie au principe bien établi – considéré comme « d'ordre général », « inhérent à un système déterminé de droit international » (CIJ 1986, *Différend frontalier*) – selon lequel un État, lorsqu'il accède à l'indépendance à la suite de la décolonisation, conserve les limites qui étaient les siennes sous l'administration coloniale. On dit le principe né en Amérique latine puis « exporté » vers d'autres continents (essentiellement en Afrique) ; sa raison d'être a été clairement exprimée : « Éviter que l'indépendance et la stabilité des nouveaux États ne soient mises en danger par des luttes fratricides, nées de la contestation des frontières à la suite du retrait de la puissance administrante » (*idem*). Il s'applique essentiellement aux frontières* terrestres et se prouve bien souvent par référence au droit interne antérieur à l'indépendance.

En d'autres termes, l'*uti possidetis* est un « principe rétroactif qui transforme en frontières internationales des limites administratives » (CIJ 1992, *Différend frontalier terrestre*). Le droit des peuples à disposer d'eux-mêmes* ne s'étend donc pas à la définition et aux contours du territoire*. Tout en ayant une vocation pacifique qu'on ne saurait contester en elle-même, le principe est une illustration du rapport complexe entre le fait et le droit international.

99
VETO

Le veto n'est pas en droit international public différent de ce qu'il est partout, à savoir l'autre face de l'unanimité : l'expression d'un vote négatif a pour effet d'empêcher l'adoption d'une décision. Il est mis en place, par exemple, en matière de ratification* de certaines conventions multilatérales et il est banal s'agissant des conditions d'admission à certaines organisations internationales*. Mais, dès lors que la pratique du veto concerne les décisions du Conseil de sécurité (seule considérée ici), ce pouvoir d'empêcher prend une importance qui est à la mesure des enjeux internationaux mis en cause et des conséquences politiques qu'il engendre. Imaginé à l'origine dans la perspective de la guerre froide afin d'éviter qu'une grande puissance n'utilise l'ONU pour entraîner une majorité des deux tiers dans un conflit contre une autre grande puissance, le système du veto donne aux membres permanents du Conseil (cinq « grands ») la possibilité de bloquer par un vote négatif toute décision autre que de procédure (art. 27). La préférence pour l'inaction l'emporte donc sur une action contraire aux intérêts d'un membre permanent. Autrement dit, le système de sécurité collective ne peut pas fonctionner contre ceux qui sont le plus à même de le menacer. La garantie est totale puisque la qualification d'une question comme relevant de la procédure (où le veto ne joue pas) est soumise au veto en cas d'hésitation (règle dite du « double veto ») ainsi que toute modification de la Charte (et donc de l'art. 27).

La rigidité (mais non le principe) du veto a été atténuée en pratique par l'assimilation de l'abstention*… à un vote positif ! Le caractère pour le moins audacieux de cette interprétation* de l'article 27 § 3 n'a pas empêché un succès que les juristes ont par la suite justifié sous le couvert du manteau de la coutume.

Le caractère discriminatoire et inégalitaire (donc contraire à l'art. 2 § 1 de la Charte) du veto a souvent été dénoncé et, en dépit de certains de ses aspects positifs, sa relative impopularité rend peu probable qu'il soit étendu à d'autres membres des Nations Unies. À l'inverse, on imagine mal les bénéficiaires renoncer à leur droit de veto ; à supposer qu'elle convainque, la récente proposition de n'en pas user spontanément (c'est-à-dire sans révision de la Charte) pour les « crimes de masse » ne bouleverserait rien dès lors que cette qualification demeurerait entre les mains des généreux promoteurs de cette idée.

100
ZONE ÉCONOMIQUE EXCLUSIVE

Création relativement récente, la Zone économique exclusive (ZEE), qui s'implante durablement dans la pratique à partir des années 1970, est avant tout une affaire de contrôle sur les ressources halieutiques pour des États que l'on continue de qualifier de « côtiers », alors même que cette zone peut s'étendre jusqu'à 200 milles de leurs côtes. Réalisant un recul sans précédent de la haute mer* au bénéfice de ces derniers et manifestant une pratique coutumière (qu'en 1974 la CIJ ne reconnaissait pas encore) rattrapée et amplifiée par la CMB, la nature juridique de la ZEE a fait l'objet d'analyses diverses car, d'un côté, elle est ouverte à la navigation et assimilable à la haute mer et la CMB donne à l'État côtier pour des fins déterminées des « droits souverains » et « juridiction » (art. 56) mais, d'un autre côté, ces derniers trouvent bien leur origine dans une compétence territoriale. Dès lors, le terme important de l'expression est bien sûr « exclusive ».

Ont été préservés au bénéfice des États non côtiers quelques droits communs avec ceux prévalant en haute mer ou innovateurs, mais bien modestes (droit au reliquat des ressources biologiques, art. 71).

Comme pour le plateau continental*, mais portant sur les eaux cette fois, les ZEE sont l'objet d'âpres négociations lorsqu'il s'agit de les délimiter* pour des États dont les côtes sont adjacentes ou se font face ; là aussi, ces questions nourrissent un contentieux international riche et complexe.

INDEX

Les chiffres renvoient aux *numéros* des 100 notices et non aux pages ; chiffre en **gras** : terme faisant l'objet d'une notice – les arrêts, sentences et avis sont indiqués ici en *italique*.

Composition et mise en pages
Nord Compo à Villeneuve-d'Ascq

Imprimé en France
par la Nouvelle Imprimerie Laballery
rue Louis Blériot 58500 Clamecy
avril 2021 - N° 104307

La Nouvelle Imprimerie Laballery est titulaire de la marque Imprim'Vert®